Anonymous

Das Grab der Barbarey oder Vorschläge zum zwekkmässigern Unterricht

unsrer deutschen Jugend - ein Scherflein zur Pädagogik

Anonymous

Das Grab der Barbarey oder Vorschläge zum zwekkmässigern Unterricht
unsrer deutschen Jugend - ein Scherflein zur Pädagogik

ISBN/EAN: 9783743409330

Hergestellt in Europa, USA, Kanada, Australien, Japan

Cover: Foto ©Paul-Georg Meister /pixelio.de

Manufactured and distributed by brebook publishing software (www.brebook.com)

Anonymous

Das Grab der Barbarey oder Vorschläge zum zwekkmässigern Unterricht

Das
Crab der Barbarey,
oder
Vorschläge
zum
zwekkmäßigern Unterricht
unsrer
deutschen Jugend.

———————

Ein
Scherflein zur Pädagog

Frankfurt und L
1782.

Unsere Söhne werden alle erzogen, als ob sie lauter Schulmänner werden sollten; — und unsere Töchter, wenns köstlich gewesen ist, — als Mamsells, als französische Hofmeisterinnen. — — —

Wink an das liebe Publikum.

Projekte machen, ist heutiges Tages das allgemeinbeliebte Handwerk so vieler großen und kleinen Männer. Unbesorgt, zu welcher Klasse man mich zählen werde, — lege auch ich hier der Welt einige zur Beleuchtung vor. Sie haben wenigstens das vor vielen andern zum voraus, daß sie keinen schädlichen Einfluß weder auf Religion, noch auf das

Privatinteresse des Landesfürsten oder der Unterthanen haben. Sie fließen nicht aus der Staatsfeder eines gewinnsüchtigen Finanzers, zum Druck und Ruin der Menschheit. Nein! sie entreissen sich ganz unwillkührlich dem innern Herzensgefühl für allgemeines Vaterlandswohl und Menschenglückseligkeit. Sie haben beßre Erziehung, wohlthätigere und mehr gemeinnützige Jugendbildung zum Zwekk. Möchte doch das Vaterland — möchte unser in einigen Stücken zu viel, und in andern noch zu wenig aufgeklärtes Zeitalter meine Wünsche unparteyisch anhören, sie beherzigen, und durch baldige Ausführung meine Vorschläge zu realisiren suchen! — Freylich haben schon Einige vor mir, — und gewiß würdige Jugenderzieher! — ein lautes Klagelied über die unnöthige Kopf- und geistverzehrende Marter des Lateinlernens auf Schulen angestimmt. Aber, hat man sie angehört? — und hörte man sie, warum machte man denn noch so wenig Miene ihrem heilsamen Rath zu folgen? — Doch Thor! du frägst noch, warum Menschennatur so wenig gewohnt sey auf gute Vorschläge etwas zu achten? — warum bey aller vermeinten Kultur und Aufklärung unserer Tage man doch noch nicht, zur Schande des gesunden Verstandes — den ehernen Zepter zerbrochen hat, mit welchen Prißziane und Donate die Schulka-

theder

theder zu beherrschen pflegen? Von jeher war es Sitte des verderbten Menschengeschlechts, lieber über Mängel und Gebrechen zu klagen, als allen diesen Klagen durch eine kleine Erhebung vom Faulsitze abzuhelfen. Ganz gewiß stolpern lieber zehn Wanderer auf der Landstraße über einen im Wege liegenden Stein, ehe einer kommt, der Kopf und Muth genug hat, statt alles Murrens und Klagen darüber denselben durch einen sehr leichten Sieg über natürliche Trägheit aus dem Wege zu wälzen. — Und wer kennet wol nicht die fast unumschränkte Gewalt einer auf ihrem langen Posseß trozzenden Gewohnheit? wer kennt wol die Kraft ihres mächtigen Bannstrals nicht, den sie auf das Haupt dessen herabschleudert, der es wagt wolthuende und ersprießliche Abänderungen dem Menschenvolke zu empfehlen? Wer ist wol unter uns ein solcher Frembling in der Geschichte des menschlichen Herzens, der nicht wissen sollte, wie sehr Gewohnheit und Vorurtheil wetteifernd sich bemühen, alle heilsamen, nicht mit Gewalt, sondern mit Klugheit überdachte und ausgeführte Vorschläge zu unterdrükken; wie sehr das Schlangengezisch des giftsprühenden Neides, und das Pausbackengeblehe des gekränkten Stolzes vereint dahin arbeiten, jedes menschenfreundliche Unternehmen fürs wahre Wohl des Staats, das Keim zum künftigen Glück der ganzen

ganzen Gesellschaft in sich enthält — sogleich durch ihren Basiliskenhauch schon in der Geburt zu erstikken, schon in der Wurzel zu untergraben? — Doch sich immer vor diesem Ungeheuer fürchten, und ihm niemals die Zähne weisen, hieße undankbar gegen die Wahrheit, hieße gleichgültig gegen Menschenwohlfart seyn. Auf demnach, Patrioten des Menschengeschlechts! auf, und laßt uns einmal durchbrechen, und uns dreist gegen das spöttelnde Naserümpfen der Afterkritik so vieler lateinischen Schulmonarchen empören! Mag doch das dumpfe Gekrächz des zertretenen Vorurtheils immer hinter uns hergeifern! nur frisch gewagt — und die Fesseln zerbrochen, das Joch der Barbarey abgeschüttelt, und unsre deutsche Jugend, die schon längst des lateinschen Unsinns müde war, dafür lieber zu bessern, der Gesellschaft und ihrer künftigen Bestimmung vortheilhaftern Kenntnissen, angeführt! — — Zu lange schon ward die beste Blüte der Jahre mit gedankenlosen Auswendiglernen der Wörter und Redensarten einer todten und für uns ganz unbrauchbaren Sprache verzehret. Laßt uns dafür unsere deutsche Zöglinge gemeinnüzzigere Kenntnisse in ihrer Muttersprache lehren! laßt sie zu brauchbaren Männern des Staats, der sie dereinst belohnen will, durch reellere Wissenschaften ausbilden, als das armselige

lige Rabebrechen eines zerstümmelten lateinischen Schriftstellers für sie seyn kann. Was nüzzt denn wol dem Staat ein solcher zizeronianischer Sprachverderber, der, gänzlich unbekannt mit den Sitten seines Vaterlandes, — unbekannt mit den übrigen Verhältnissen der Welt, in der er lebt, — ja unbekannt mit sich selbst — unsere Ohren mit aller geistlosen Geschwäzzigkeit eines Papagaien durch sein mühsam, und in Zeit von mehr als zwey lustere gewiß nicht ohne orbilische Ansporungsmittel erlerntes esse videtur foltert? — Und was kann die menschliche Gesellschaft wol für nüzliche Mitbürger aus jenen lateinischen Treibhäusern erwarten, wo der von aller Welt und Menschenkenntnis weißlich zurückgehaltene Zögling auf Kosten des Menschen zum elenden Zwitter von Halbgelehrten gedrechselt wird? — —

Doch die Hand vom Gemälde! — Nur euch Freunde des Vaterlands und der Menschheit! euch Patrioten bitte ich, nehmt diesen meinen Antibarbarum in eurem Schuz! bergt und deckt das noch zarte Knöspchen für den daher brausenden Nordwind der stolzen Afterkritik aller lateinischen Schuldespoten! — schüzt es aber auch eben so sehr für den faulen Südwind des gekränkten Vorurtheils und des harpigischen

pigischen Neides, dem's oft motiv genug ist, das Gute gleich der getretenen Kröte mit Gift zu besprützen, blos darum, weils gut ist — oder weil nicht er, sondern ein anderer es projektirt hat, der, ohne eben im Staat einen hervorstechenden Karakter zu besizzen, sich blos als Weltbürger dazu gedrungen fühlte; und es diesem innern Gefühl für Wahrheit und allgemeines Menschenwohl schuldig zu seyn glaubte. — —

Erster

Erster Abschnitt.
Vorläufige Einleitung zur Entstehungsgeschichte der Pädagogik.

Jedes Zeitalter hat seine eigene Hauptthorheit. Das unsrige aber scheint ganz besonders einen Vorzug darin zu suchen, bis zum Erstaunen fruchtbar an immer neuen Erfindungen derselben zu seyn. Wie beym tobenden Orkan eine Welle die andre ungestüm verdrängt: so wechseln auch alte Thorheiten mit neuen wiederum ab. — Nur mit dem Unterschied, daß manche Epidemie, zum wahren Ruin der Menschheit — länger raset als eine andre. Doch dis bringt der unaufhörliche Chok der Leidenschaften, — dieser alte Tyrann des menschlichen Herzens — so mit sich, daß wir, wie die Kinder von der Puppe zum lärmenden Steckenpferd forteilen, und auch dieses bald wieder in den Winkel werfen, gähnen und vor langer

Weile uns nach ein mehr vergoldetes oder noch rauschenderes Spielwerk umsehen.

Wer weiß es wol nicht, wie lange und heftig jenes Wertherfieber bey uns gewüthet hat; und welch einen wunderbaren ja fast unglaublichen Effekt vor einiger Zeit Werthers Leiden und nach ihnen Siegwart auf Kopf und Herz der Nation gemacht haben? —

Es gab eine Zeit — hör es und weine, o Nachwelt! — wo jedem Jüngling von mäßiger Lektüre und Extrakzion die Welt zu enge ward: wo so viele sich aus dem Arm der Eltern und Brüder loßrissen, und die Bande aller bürgerlichen Verhältnisse mit Gewalt auflößten, um nur als liebenswürdige Avantüriers ihr Glück sich selbst und ihrem Kopf, nicht aber der Gunst anderer verdanken zu wollen. — Andere hingegen, welche die, nicht allen faßbare Radotage des Wertherschen Geistes nicht erreichen konnten, begnügten sich, weniger stark, aber nicht schwächer an Thorheit — an regnichten Herbstabenden im blauen Frack mit gelber Weste und blaßrother Schleife am Hut auf Felsen und steilen Gebürgen herumzuklettern, um durch Herumschweifen im Felde sich Besänftigung und Stille der umhertreibenden Unruhe zu erkaufen, die doch nur ihr eigen Werk war.

Noch andere waren von diesem Wertherfieber schon so infizirt, daß sie beym kleinsten Mißblik Fortunens sogleich die Pistole der Verzweiflung

lung ergreifen, und ins Paradies der Narren hinüberwandern wolten, wenn man sie nicht noch zu rechter Zeit beym Ermel gezupft hätte. Und ist es nicht immer zu bejammern, und Nachtheil genug für den Staat, wenn auch nur ein Jüngling (und ach! die neuere Geschichte kann dergleichen mehrere aufstellen —) obgleich nur durch Mißbrauch, doch aber immer durch Veranlassung dieser ansteckenden Schrift sich durch seine erhizte Fantasie dazu hätte verleiten lassen! — — Aller Weihrauch der Journalisten, alle Lorbeeren der Anbetung, die ein trunknes Volk um die Schläfe des Dichters wand, können doch den schrecklichen Gedanken nicht verdrängen: Du hast deinen Ruhm mit Verderben — deinen Lorbeer mit Blutopfer der Unschuld erkauft! —

 So brachte Göth durch Werthers Leiden,
 So manchen Geck um Gut und Blut.
 Ich lebe noch, — und habe Freuden,
 Glaub nicht, daß so was Liebe thut. —

Wenigstens wurde doch durch diese Modelektür manchen Eltern die frohe Aussicht ihres Alters beraubt — und mancher Jüngling, mancher rüstige und nervigte Bursche, der nun einmal im Bilde des freien Avantüriers die gröste Idee von Seelengröße und Menschenfreyheit fand — zum Vagabunden gemacht. —

Man halte dies ja nicht für übertriebene Züge der bloßen Phantasie. Es sind Dinge die in unsern

sern Tagen geschehen sind, und wovon mancher Leser vielleicht selbst mehr als ein Beyspiel wird erlebt haben.

Jedes verbrannte Genie sog nun aus seinen fünf Fingern Stof zu einem neuen Roman hervor; und alles besang Werthers Leiden und Freuden. Bald ließ man ihn vom Himmel herab mit der Märtirerkrone aufs Haupt seine schwachen Mitbrüder unterrichten: — bald stieß das antizipirte Verdammungsurtheil einer blinden Orthodoxie ihn ohne Erbarmen in die unterste Hölle hinab. Kurz alles wertherisirte so lange bis Sigwart und Burgheim herfürtraten, und die Welt nun wieder in Gefahr stand, für lauter Empfindeley in wonnigliches Minnegefühl und brühsiedende Thränen umgeschmolzen zu werden.

 Herr Miller winselte Romane,
  und schwamm durch Thränen wi'n Hallor —
 Da weinte jede Mariane
  ein Thränchen ihrem Sigwart vor! —

Alles sprach, sang, seufzte und empfindelte nun mit Sigwart oder Mariane; und der Jüngling würde gewiß wenig Geschmak verrathen haben, der nicht unter seinem Spiegel neben Werthers Lotten auch einen Chodowiekischen Abdruck aus dem Sigwart hängen gehabt hätte. Alles empfindelte ißt, und weinte da, wo man doch handeln solte. — Man buhlte mit dem Mond, und klagte ihm als dem einzigen Tröster seine Leiden; man sprach von nichts als weichgeschaffenen Seelen, Gefühl und Simpatie; man war im Stande über jedes Blättchen zu weinen, und hatte immer Thränen im Auge dazu bereit. Und was das ärgste war, so muste jeder gesunde und mit gradem Verstande begabte Kopf, der kein solcher empfindelnder Romanenheld seyn konnte, und der mehr handelte als weinte — sogleich ein roher, harter und von Mutternatur völlig übersehener Mensch heißen, und nun gratulirte man sich noch dazu wegen seines empfindsamen Herzens, und schwachen Kopfs — man dankte Gott daß man nicht so grad und bieder einherging, wie dieser oder jener Zöllner! —

Und so bleibt der Sazz war, daß die Werther und Adolphe, die Sigwarte und Burgheime, und alle übrige nach dieser Form zugeschnittene Romane; alle die empfindsamen Sächelchens, und Modelektüren unserer Tage, die wie eine Lava daherströmen, und bei unsrer armen Jugend allen Kopf und gesundes Gefühl für Wahrheit und Tugend, allen Geschäftigkeitstrieb und handelnde Thätigkeit ganz versengen und verbrennen; — der Welt in dem letzten Drittheil dieses Jahrhunderts warhaftig mehr Schaden gethan, als alles Pulver und Blei der Feinde in den vorigen Kriegen nicht haben anstiften können. Sie entnerven unsre deutschen Jünglinge, und machen aus dem Mann, der zum Handeln und Wirken bestimmt ist, eine weinerliche empfindsame Marionette; — sie erfüllen

füllen den Kopf mit einem Ideal von Glück und Ehstandsliebe, das ihn das Herz erweicht, und nur in Utopien und Liliput realisiret werden kann; — sie flößen dem verblendeten Jüngling unter dem Schein einer tugendhaften Platonischen Liebe ein schleichendes Gift ein, das ihn zum Dienst Gottes und des Staats, und für das Wohl seines armen Nebenchristen ganz verlohren macht. Und wenn man denn so in der Stille für sich über alle diese wunderbare Arten von Paroxismus reflektirt, kann man es da wol der Strenge der Zensur in manchen Ländern so ganz verargen, wenn sie durch Konfiskazion den Verkauf eines Gifts zu verhüten sucht, das wegen seiner Süßigkeit so allgemein verschlungen wird, und eben daher so gefährlich — so unlöschbar entzündet? — —

Diese Empfindungsepoche war nun auch zugleich ein rechter Fund für unser damals dramatischgestimmtes Jahrhundert. Eine Flut von Farzen, Skizzen und im schakespearistirenden Ton zusammengewürgter Schauspiele strömte izt von den Messen in Deutschlands Buchläden, und überschwemmte die Welt mit neuen Narrheiten. — Einige fuhren trozzig daher, und erfüllten, um im englischen Ton deutschen Unsinn rasen zu können — unsere Bühnen mit lauter blutigen Mordszenen. Alles äfte und schrieb nun Schakespeare oder Lessingen nach. Viele rupften diesen kühnen Adlern hie und da einige Federn aus, mit welchen sie sich, obwol vergebens, erdreisteten, ihren kühnen
Son-

Sonnenflug nachzuahmen, allein da sie dieselben unter Weges verloren, und sie der Sonnen wie Ikarus zu nahe gekommen waren, ohne jedoch eigene Schwungkraft des Geistes genug zu haben — so plumpten sie lächerlich in das Meer der Vergessenheit wieder zurück. — Nun schwang sich das Kraftgenie mächtig auf den Thron. Lavaters überspannte Physiognomik, (welches Vage und unbestimte Geschwäzz in unsern freigebigen Zeiten nun gar das Gepräge und den Stempel einer eigenen Wissenschaft erhalten hat —) gab jedem von der Natur nicht ganz vernachläßigten Jüngling, dem sein Spiegel noch dazu eine freie gewölbte Stirn, zusammt der gebogenen Nase mit der Vertieffung des Denkers beim rollendem Aug' entdekte, das ausschließende Monopol eines Modegenies. — Mit dieser Empfehlung von Mutternatur, und nur noch ein paar wizzigseinsollende zugespizte Epigramms, oder ein im Barden — oder Romanzenton zusammengeflites Liedchen, im Musenalmanach hineingegeben, wars Genie fertig! Und nun gings an ein Kollern und Trottiren. —

„Fein paradox in allem gehandelt; die Regeln „des Wolstands und der Ordnung frisch über„schritten; mit dreister Stirne jedem vernünftigen „Mann zum Aerger — alle nur mögliche Folien „ausgekramt; dabei brav auf Pöbel, Vorurtheil „und Lumpenverhältnis dieser sublunarischen Pla„neten losgezogen — überall den Leuten wieder
„die

"die Stirne gerannt, links und rechts um sich ge=
"schlagen, was einem im Weg kommt, für un=
"sers lieben Herrn Gottes Hornvieh angesehen,
"und sich nur immer als das einzige vernünftige
"Geschöpf gedacht, das unterm Mond lebt. —
"Alle Schwürigkeiten frisch übern Haufen ge=
"rennt — sich an keine Regeln gebunden —
"sondern selbst die Bahn gebrochen — biß ja'n
"Genie! hast ja selbst Schöpfersmacht, Scharf=
"blick und Schwungkraft genug! —

Es soll eine Art herumziehender Mäuse geben. Stößt ihnen eine See auf, so laufen sie nicht drum herum, sondern sie schwimmen grade durch. Kommen sie an einen Hügel, so laufen sie nicht drum herum, sondern sie graben durch. Eben also die Genies! Durchschwimmen, durch= graben das ist so ihre Sache. — —

Doch auch diese Seuche, die nicht mehr im Fin= stern herumschlich, sondern zulezt schon am hellen Mittage so manchen schwindelnden Jüngling zum Verlust fürs Vaterland dahinraste, hat durch das liebreiche Darzuthun gutgesinnter Patrioten und Vaterlandsschriftsteller — eines Campe, Claudi= us ꝛc.. — nun endlich so ziemlich ausgeras't. Man lese leztern seinen Dialog, den er in der Vossischen Blumenlese fürs Jahr 1776 hat einrükken lassen für alle Kraftmänner:

"Ein Fuchs traf einen Esel an,
"Herr Esel! sprach er: Jedermann
"Hält Sie für ein Genie, für einen großen Mann! —
"Das wäre? fing der Esel an; —
"Hab' doch nichts närrisches gethan!! —

Auf

Auf einmal fiengen die Vordenker der Nazion an, der Scene eine andre Wendung zu geben. Man erfand im lezten Vierteil dieses Jahrhunderts eine ganz neue Wissenschaft, die man Erziehungskunst nannte. Aus Plutarchs Schäzzen und Rousseaus Vorschlägen sprang nun eine neue ganz fertig gerüstete Minerva herfür. Pädagogik ist ihr Name! — Herr Basedow wurde izt der Heros, und wie ein zweiter Prometeus wähnte er diese Fakkel der Litteratur dem Himmel selbst entwandt zu haben, obgleich hundert wakkre Männer vor ihm vielleicht eben das schon gedacht und gesagt hatten; nur liebten sie mehr im Stillen gutes zu thun, deshalb sie auch nicht so die Trompete vor sich herblasen liessen. — Genug, Vater Basedow hatte den Kopf voll vom werdenden Ideal — zur Zeit wars noch Embrio: daher schrie er auch in der Geburtsnoth das Vaterland um Hülfreichung an; und ein geringes Sümmchen von nicht mehr als dreißigtausend Thalern solte hinreichend kräftig seyn, das Götterkind ans Tageslicht zu verhelfen. —

Endlich stands da! — die errichtete menschenfreundliche Anstalt fürs Vaterland; die Pflanzschule und das Treibhaus der Menschheit — (welches aber noch immer, so wie alle Treibhäuser — sehr kostbar bleibt, und die Kosten nicht verinteressirt, die drauf gewandt werden.) Man nannte es Philantropin.

Mit Basedow vereinigten sich auch Campe Wolke und nachher Trapp nebst andern mehreren; wovon die beiden Erstern sehr würdige Männer und Jugenderzieher sind, die gemeinschaftlich ihre Kräfte in Nachtwachen und eisernem Fleiß für die Blüte der Menschheit verzehrten. Von Herrn Trapp, der sich durch den letzten skandalösen Auftrit mit Herrn Doktor Semler vor einiger Zeit auf eine Herostratische Art berühmt gemacht hat, sieht man es eben nicht, daß die Regel ohne Einschränkung wahr sei,

Sich tren den Künsten weih'n —
macht unsre Sitten mild, und lehrt uns menschlich seyn. —

Ich getraue mir dis mit Grund der Wahrheit von ihm behaupten zu können; ohnbeschadet des Weihrauchs, den man sonst seinen philosophischen und pädagogischen Kenntnissen streut. —

Hätte Vater Basedow nur etwas mehr innere moralische Festigkeit des Karakters, und dafür weniger unbiegsame Härte; gienge bei ihm nicht alles aus dem Kopf nur blos in dem Magen, sondern mehr in das Herz über; hätte er und Konsorten sich gegen das Ende des achtzehenden Jahrhunderts nach Christi Geburt nicht die absurde Grille einfallen lassen, eine Spartanische und Lazebämonische Erziehungsform auf deutschen monarchischen Boden

den zu verpflanzen; — und alles bisherige alte, wovon doch auch vieles gewis noch immer zu gebrauchen seyn wird — aus den Schulen zu verbannen: hätte Basedow dafür lieber als Reformatorgenie das alte lateinische Joch, das den Nakken unsrer Väter drükkte, und worunter auch wir alle noch selbst geseufzt haben, zerbrochen; und eingesehen, daß die lateinische Sprache, sie mag nun ambulando und ludendo, oder inkulkando gelehrt werden, — doch immer ein gleich unnüzzer Ballast bleibt; ein Geist- und Seeletödtendes Hindernis, das die beste Blüte der Jahre ohne allen Ersazz dahinfrißt, und uns die ersten Tage des Lebens auf eine kummervolle Art verbittert, ohne daß fürs männliche Alter daraus der geringste Nuzzen entstehen kann. — Hätte der Stifter des Philantropins dis alles bedacht; hätte er seine Anstalt auf diese Art zwekmäßiger, fürs Vaterland nüzlicher und für die junge Menschenwelt gemeinnüzziger zu machen gesucht: so wäre der Mann Ehrensäulen werth gewesen, der es gewagt hätte, nicht blos theoretisch sondern praktisch dahin zu arbeiten, Deutschlands Flor durch Verbesserung und Abschaffung dieser alten geisterstikkenden Methode zu befördern. — Da aber alle die neuern Philantropine, — Basedows Stiefkinder! — noch nicht so weit ihren Wirkungskreis ausgedehnet haben, daß man von selbigen sogleich die Universität aus richtigen Gründen beziehen kann; indem die Philantropisten bis izt noch eines andern Unterrichts

B 2 bedür-

bedürfen: — so ist dis mein Rath, daß es in dieser Sache immer noch am besten sey, jenen Vorschlag Gamaliels zu folgen; übrigens aber für die beßre Einrichtung aller der Schulen, die schon im Flor sind, aus allen Kräften zu sorgen. —

Zweiter Abschnitt.
Kurze Ueberficht der ältern und neuern Lehrart auf öffentlichen Schulen.

„Ich besize eine Gabe zu vergessen, die mir bey„nahe lieber ist als mein Gedächtnis. Wer von
„Schulen und Universitäten den schlichten und
„graden Menschenverstand nebst einem gesunden
„Körper wieder mit nach Hause bringt; und durch
„jene glückliche Gabe der Vergessenheit das An„denken überstandener Schulart, und die Erinne„rung an alle das unnüze Zeug, womit man der
„Jugend insgemein die Köpfe vollstopft, wieder
„auslöschen kann, der hat von Glükk zu sagen. —“
So schreibt ein Erziehungsfreund an einen Lehrer des Instituts zu Dessau. Und wem ist wol jenes Martergesez der Jugend unbekannt, nach welchem
unsern

unsern Vätern und uns wieder nach ihnen, in den Schuljahren lieber alles unnötige und unnüzze eher als das nothwendige und brauchbare mit Schwaps und Klaps eingebläut wurde? — Wer kennt wol die Schulen nicht, wo jeder künftige Schuster und Schneider, jeder Künstler und Handelsmann — sein Latein so gut wie der werdende Gelehrte lernen muß; — wo der rothbäkkige Knabe mit dem heitern Morgenantliz oft weinend der Schulstube entfloh, wenn sein orbilischer Kathedermonarch ihn wegen einer nach erkünstelten Regeln der metaphysischen Grammatik falsch zusammengesezten Phrase gemishandelt hatte? — — Der unrecht verstandene Saz: Ars longa, vita brevis trug auch dazu nicht wenig bei, daß man glaubte, man könne nicht frühe genug den Kopf des Kindes mit dem Erlernen einer Sprache zermartern, worin bey allem mühvollen ja oft eisernem Fleiße — es doch nur wenige zur mittelmäßigen Vollkommenheit bringen. Doch, wird man sagen, war dis auch nur der Gang der Schulen in vorigen Zeiten? Jezt da unser Publikum so viel Geschmak hat, als einst Athens Bürger zu Aristophanes Zeiten besaßen; — izt da die Fakkel der Kultur ihre hellen Stralen auch selbst in die entferntesten Welttheile geworfen hat, und Dummheit, Finsternis und Irrthum sich vor ihrem Glanze verbergen müssen; — izt, da Basedowe, und Gedikens die Schulen erleuchten, — izt wird doch wol jene alte Klage über schlechte Einrichtung der Schulen nicht mehr gelten dürfen? —

B 3   Aber

Aber meine Herren! wenns erlaubt ist sich noch bei Zweifeln zu verweilen, so möchte ich wol mit allem Respekt fragen: Wie sind denn unsere Zeiten grade so sehr erleuchtet? und in welchen Stükken? — Etwa im Punkte der Religion und Gottesgelartheit? Guter Gott! sie könnten es, wenn unter unsern Theologen nicht so viel handfeste, streitsüchtige Polemische Helden wären, wovon immer einige, theils aus Paradoxiesucht theils auch nach dem Masstab ihrer Ideen, das Gebäude der andern niederzureißen, oder doch zu verwirren trachten: —— Etwa in der Philosophie? hat diese etwa dadurch, das man geflügeltes Räsonnement und Geburten einer erhizten oder mystisch spekulirenden Phantasie, in ein philosofisches Gewand gehüllt, an die Stelle der ehemaligen Formular- und Sillogismenphilosophie gesezt hat, mehr gesundes urbares Terrain gewonnen? — Oder hat etwa die Dichtkunst in unsrer Periode desfals ein goldnes Zeitalter erreicht, weil izt jeder Marktflekken seine schöne Geister zählt, die unsere Ohren, wo sie nur hintreffen können, mit lyrischen und prosaischen Unsinn foltern, und sich an Leser und Verleger durch die Abortus ihrer Geistesfruchtbarkeit versündigen? Oder ist unser Zeitalter etwa in Absicht des Schulunterrichts aufgeklärt zu nennen? — Wahr ist es, jener tölpelische Orbiliuston, nach welchem man vor zwanzig bis dreißig Jahren die Kinder den steilen Weg zur Tugend und zum Tempel der Wissenschaften nicht liebreich an der Hand hinauf leitete, te, sondern sie mit dem Stekken des Treibers hinauf jagte, — diese Methode hat sich so ziemlich bei uns izt verloren. Denn seit dem die Welt die Verdienste eines Resewitz und Gedikens kennt, haben es sich fast alle Schulanstalten zur Pflicht gemacht, ihre Zöglinge auf eine der Menschheit anständigere Art, mehr durch Worte und lehrende Beyspiele, als durch thierische Zwangsmittel zu erziehen. Freilich machen auch selbst in diesem Stükk einige Schulen noch Ausnahme. Die in ihrer Anlage warhaftig fürtrefliche und gemeinnüzzige Anstalt des hällischen Waisenhauses könnte die Pflanzschule der Erziehung für ganz Europa seyn, könnte eine Originalanstalt, könnte das Muster aller Schulen in der ganzen Welt werden, wenn nicht theils die unzugängliche Större, die finstre Eingeschlossenheit und murrische Selbstzufriedenheit ihrer jedesmaligen Direktoren, theils die elende Pietisterey und unwissende Bigotterie ihrer Inspektoren diese Schule recht vorsezlich — wie es scheint — zurükhielten, gleiche Schritte mit den übrigen zu thun. Solte aber auch etwa jene zu starke Anzahl ihrer Zöglinge den hier oft übertriebenen Zwang notwendig machen? Wäre dieses; warum nicht lieber ihre Anzahl um die Hälfte verringert, und diese Wenigen dafür auf eine adelere, mehr von armseliger Kopfhängerei und Heuchelschein entfernte Art zur ächten praktischen Gottesfurcht, zum bidern graden Mannessinn; zur so höchstnötigen Erkenntnis ihrer selbst; zur nüzzlichen Welt= und Menschen=

kenntnis, wofür der dortige Eleve, wie man weiß, recht mit allem Fleiß weislich verwahret wird, — und zum Erlernen solcher Wissenschaften angeführt, die sie dereinst zu nützliche Bürger des Staats machen können? — Gesezt auch, daß über einer solchen vernünftigen Erziehung das Latein ganz und gar abgeschaft, täglich ein paar Seiten Vokabeln aus dem Danz und Knoll weniger erlernt würden, und eine oder mehrere überflüßige Sing- und Betstunde des Tages hindurch eingehen müste? — — —

Wahr ist es ferner, daß alle neuere Institute nebst andern großen mehr aufgeklärten Schulen, die Sprachen izt mit ihren Zöglingen nicht mehr so schlag- und taktmäßig, sondern auf eine leichtere und freyere Art treiben, als es vor der Mitte dieses Jahrhunderts Mode war; — daß sie alles unnüzze Vokabellernen aus den Klassen verbannen, dafür aber beim Spazirengehen auf dem Feld und überall ihnen jedes Kräutchen und jede Blume, jeden Baum und jedes Thier lateinisch hernennen, damit ja die Homunkuli ihr liebes Latein wenigstens doch ambulando kapiren möchten! — Auch lehren sie sie die Deklinazionen und Konjugazionen, die theure Stüzzen der alten Römersprache —) nicht mehr nach den Vorbildern der Grammatik, sondern wie sie es nennen, fein ex usu. —

Aus

Aus allen diesen warhaftig nicht übertriebenen sondern der Warheit gemäßen Schilderungen ist es also klar, daß alle neuen sowol als alten Schulen das Latein noch immer als die einzige Stütze der wahren Gelehrsamkeit ansehen, es als solche verehren, und dieses Palladium sich ungern nehmen lassen würden. Ohnerachtet aller ausgebreiteten Kenntnisse; ohnerachtet ihres weit umfassenden Genies und thätigen Bestrebens für die Bildung der jungen Menschenwelt, haben dennoch weder ein Gedike, weder Basedow noch Campe u. a. m. jemals ihre mächtigen Stimmen wider diesen Geistesmord der lateinischen Sprache auf Schulen erhoben. Und selbst große und helle Köpfe haben sich noch vor kurzem entschlossen, um diese Quelle der ganzen Weisheit des Lebens, diese Grundlage aller wahren Gelehrsamkeit so stark zu empfehlen, und ihren Würkungskreis auszudehnen, gewisse höchst absurde Lehrbücher dieser Sprache in ihren Instituten einzuführen — gegen welche der Knabe, wenn er doch einmal gemartert und vorsezlich sein Geist niedergebeugt werden soll, — seinen Lange noch weit erträglicher findet. Man sehe nur ein gewisses neues Lehrbuch, das vom Basedowschen Elementarwerk Nachahmung seyn soll; man lese daselbst nur gleich im ersten Theil die fünf bis sechs Blätter langen Gewäsche von nichts als Tauben und Hünern; und, damit der arme Knabe doch wider in etwas désennuyiret werde, so findet man gleich darauf eine lange Episode aus dem

dem Ovid oder Virgil. — Und das soll doch für den Anfänger seyn! das soll eine Sprache zu erlernen reizen, die für den Zögling in der Zukunft ganz ohne allen Nutzen ist! —

Dritter Abschnitt.

Daß es ganz unnütz, unnöthig und Geist- und Seelenverderbend sey, auf Schulen Latein zu erlernen; und daß, ehe diese Sprache nicht gänzlich aus Deutschlands Erziehungsanstalten abgeschaft und verjagt wird, auch keine wahre, bessere Jugendbildung zu hoffen sey.

So aufgeklärt unser achtzehntes Jahrhundert, so pädagogisch insbesondere unsere jezzigen Zeiten von allen Journalisten und Zeitungsschreibern öfters auch genannt werden, so viel Geschmakk auch unser Publikum besizzen mag; — so ist es doch sehr zu verwundern, daß man seit einiger Zeit zwar angefangefangen hat, überhaupt beym Erziehungsgeschäft mehr als man sonst gewohnt war — zu denken, und den Schulunterricht zu verbessern, dort was abzuknipsen, und hier wieder dafür was zuzustikken, dort mehr sclavisch, hier aber mehr freyer und spielend denselben zu treiben; — daß man demohnerachtet noch nicht das alte Joch der Barbarey zerbrochen, und die Sprache eines Volks aus unserm Unterricht verbannt habe, das an abgöttischen Altären hinkniete, lastervollen Göttern diente, und überhaupt eine Nation ist, die uns gar nichts mehr interessirt, und schon längst in ihr Nichts zurükgekehrt ist? —

Was soll, ich bitte euch Leser! was soll denn wol einem jungen Menschen das armselige Radebrechen einer fremden Sprache nüzzen, und die unsägliche Gedächtnißmarter des Auswendiglernens einiger nicht halb nicht ganz zusammenhängender Episoden aus den lateinischen Schriftstellern? — Was nutzt, ich wiederhole es noch einmal, dem Staat ein solcher Ciceronianischer Sprachverderber, der ein ganzes Jahrzehend hindurch sich mit der Erlernung einer todten Sprache geplagt hat, wovon er doch niemals einen reellen Nutzen erwarten kann? Und wozu muß jeder Künstler, Kaufmann und Landwirth sich in seiner Jugend mit dieser Sprache quälen, davon er nimmer einen Gebrauch machen kann. — Was kann es dem künftigen Schuster oder Zimmermann interessiren, ob dieser weiß, wie das Schiff Argos beschaf=

beschaffen gewesen, und jener wie der Cothurn der Griechen verfertigt worden sey; so lange, als wir nicht selbst Lust haben, unsere Fregatten nach jenem griechischen Modell, oder unsere Schuhe nach römischen Leisten machen zu lassen? — Weg also mit dieser Geist erstikkenden Methode des Lateinlernens auf Schulen! Ueber Bord mit diesem unnüzzen Ballast, der nur die Erziehung beschwert, und das Aufkommen aller wahren Gelehrsamkeit verhindert, dadurch, daß der Knabe und Jüngling vor aller elenden Gedächtnißmarter sein eigenes Nachdenken nicht auf nüzlichere Gegenstände schärfen kann, und seinen Fleiß auf solche Wissenschaften verwenden darf, welche reellen Nuzen für die Gesellschaft haben, in der er lebt. Diese Aftergelehrsamkeit, welche so viele Köpfe verdirbt, so viele Jahre dahinfrißt, und unsern ersten Frühling des Lebens in den traurigsten Winter verwandelt! — Ohne ihre Abschaffung ist an keine beßre Jugendbildung zu denken, ist keine wahre Gelehrsamkeit möglich. Schon längst hätte man diese Sprache aus unsern Schulen verbannen sollen, und ihr Reformatoren unsrer Zeit, ihr Pädagogen! hattet ihr denn nicht Kopf oder Muth genug gehabt, dieses schon längst einzusehen? — Die sämtliche Erlernung aller alten Sprachen, der griechischen sowol, als der lateinischen, war bis izt noch immer das Hinderniß der wahren Verbesserung aller Schulen; und so lange dieser Barbarismus nicht aufhört: so lange ist auch an keine vernünftige

tige Erziehung unsrer deutschen Jugend zu gedenken! —

Was kann uns wol die unaussprechliche Marter des Lateinlernens ersezzen? — Ja, werdet ihr sagen; — „das Vergnügen, das wir bey der „geschmakvollen Lektüre eines zierlichen lateinschen „oder griechischen Schriftstellers empfinden, ist „ist uns Ersaz genug für alle die Mühe, die wir „bey der Erlernung dieser Sprachen gehabt ha„ben!„ — Gut, meine ästhetische geschmakvollen Herren! — wenn hier sich auch nicht eine gewisse Prädilektion für jene Schriftsteller des grauen Alterthums mit einmischt; — wenn uns auch hierin unsere Sinnen nicht einen Betrug spielen sollten; so sind doch nur immer sehr Wenige, die es nach acht = oder zehnjähriger Marter so weit bringen, daß sie nur mittelmäßig für sich einen Auktor zu übersezzen im Stande sind. Wie viel werden denn wol auf Schulen zu guten Lateinern gebildet — (Der Ernesti, Schlegel, Gedicken, Fischer, Geßner und Funke gibt es nicht viel!) und auch diese wären es nicht geworden, wenn sie sich nicht noch nachher auf Academien, und in der Folge ihrer Lebensjahre durch fortgesetzte unabläßige Lektüre der Alten dazu gebildet hätten. Und dazu hat nicht jedes Mutterkind weder Zeit noch Beruf in sich! — Ueberdem weiß man doch auch, daß selbst die Geschicktesten sich nur immer auf einige höchstens zwey bis drey Lieblingsschriftsteller einschränken, und diese auf Kosten der andern al-

lein

lein zu excoliren suchen. Doch noch Eins! — man wird mir hier einwerfen, „daß wir doch unse„re wahre Gelehrsamkeit, unsere Philosophie und „Rhetorik, unsere Dichtkunst und Geschichte größ„tentheils fast ganz aus diesen Werken der Al„ten schöpfen,„ und daß es Undank, — schwarzer Undank gegen diese unsre Lehrer sey, wenn wir nun, da wir durch sie zum Denken gekommen sind, ihre Anweisungen ganz verachten, und auf die Seite werfen wollen! — —

Dieser Einwurf hat Klang, aber nicht Wahrheit! — Zuerst antworte ich, daß es vielmehr Undank gegen unser deutsches Vaterland sey, das doch auch von jeher Köpfe gezeugt hat, die in allen Fächern der obengenannten Wissenschaften gewiß eben so scharf gedacht, und noch weitere Schritte gemacht haben, als jene. Wer sich an der hellen Sonne in seinem Lande wärmen und erleuchten könnte, würde der wol nicht der größte Narr auf Erden seyn, wenn er lieber dafür eine Reise nach Grönland machen, und sich bey der schmuzigen und düstern Thranlampe des Wallfischjägers erwärmen wollte? — Und ist es denn auch wol der Mühe werth, erst alle brennende Sandwüsten Arabiens zu durchirren, um endlich einmal eine Cisterne oder klare Quelle — oft aber auch nur eine stinkende Pfüze — anzutreffen, woraus man seinen Durst leschen könnte. — Jene Griechen und Römer waren mit aller ihrer finstern oft sehr räthselhaften und zweydeutigen Weißheit —

heit — doch auch nur Menschen. Und sollten denn wir nur lauter Dummköpfe gegen jene seyn? — Hat unser Jahrhundert nicht seine Newtons, Leibnitze, Wolffe, Baumgarten, Meier, Leßing, Mendelsohne, Resewitze und Gedicke, die wir immer jenen Philosophen, Dichtern und Rednern des Alterthums an die Seite stellen können? Und sehen wir auf die Uebereinstimmung ihres Karakters mit ihren Schriften und Tugendlehren! o wie schlüpfrig, wie ekelhaft, wie lastervoll, ja selbst lasterempfehlend sind da nicht ihre Schriften! Wollen wir denn unserer Jugend recht mit Fleiß in den Jahren der Leidenschaften noch mehr Gelegenheit zu Ausbrüchen des Lasters geben, dadurch daß wir nur elegante Dichter und Redner, nur zierliche Wortsezzer und schöngeisterische Criticaster aus ihnen bilden wollen, wenn wir ihnen einen schmuzzigen Horaz, einen liebempfehlenden Ovid und andere dergleichen wollustentflammende Dichter in die Hände geben? — Oder heißt das nicht vorsezlich sein Kind auf Kosten der Tugend und des Unschuldgefühls zum profanen Belletristen erziehen? Und gesezt auch, das Lesen der Alten wäre aus dem Grunde noch nöthig und von großem Nuzzen, daß der junge Weltbürger durch ihre Lectüre zu guten Handlungen und zum Eifer in der Tugend angefeuert würde, so frage ich

  1) ob dieser Zweck auch immer durch eine kluge Auswahl der klaßischen Schriftsteller befördert wird? und

2) ob

2) ob die vaterländische Geschichte alter und neuer Zeiten — ob das itzt lebende Zeitalter nicht auch seine Socrates, Aristide und Catonen hat, aus deren Lebensbeschreibungen man oft noch mehr erhabenere und localere Motive zur Nachahmung hernehmen könnte, wie aus den vielleicht oft fabelhaften Erzählungen von pharisäischen Scheintugenden der Griechen und Römer — —

3) und ob es denn nicht klüger sey, statt den Zögling Jahrelang durch das Auswendiglernen armseliger Vocabeln und Zusammenflikken abgenutzter barbarischer Phrasen endlich so weit zu führen, daß er seinen Auktor etwas deutsch herstottern kann, — ihn gleich diese vermeinte Schäzze der Weißheit ins reine teutsch, richtig und treffend übersezt, in die Hände zu geben, und so durch stetes Studium der goldenen Sittensprüche der Alten seinen Geschmakk zu veredeln, ohne seinen Kopf ein ganzes Dezennium hindurch zu martern, um eben diesen Zwekk zu erreichen, der so schleunig befördert werden kann? — Und zu dem Ende bedarf es nur eines Befehls des Landesherrn an alle Academien und Gymnasien, um die Hochgelahrten Herren Professores linguarum orientalium & occidentalium aufzufordern, daß jeder von diesen Herren Philosophen sich hinseze, und einen Auktor, dem er

er gewachsen wäre, in unserer Muttersprache richtig und treffend schön übersezzen müßte! — Könnten auf diese Art die Wissenschaften nicht weit mehr befördert, und statt des elenden zeitfressenden Sprachstudiums den Jünglingen andere weit solidere und nüzzlichere Kenntnisse, (die ich im 4ten Abschnitt vorschlagen werde) gelehrt werden? Könnte nun nicht jedem etwas erwachsenen Jünglinge jene Chef-d'œuvres d'Esprit & de sagesse — jene philosophischen, rhetorischen, poetischen und historischen, vorzüglich aber die mathematischen Schriftsteller, und alle die, welche die Landwirthschaft und Baukunst beschrieben haben, als Plinius der Aeltere, Varro, Columella und Vitruv — teutsch in die Hände gegeben werden, daß er ihre Vorschriften sogleich, ohne erst mühsam die Phrases aufzusuchen, und ein halb Duzzend Wörterbücher zu zerblättern, auf der Stelle weglesen, und sie, wie mein seliger Rektor zu sagen pflegte, in succum & sanguinem vertiren könnte? —
Und ist diese Uebersezzung geschehen: so muß nun in jeder Schule nebst den andern nöthigen Stunden in einer dazu bestimmten ein solcher deutscher Auktor den Zöglingen als Lesebuch in die Hände gegeben, und vom Rektor oder jedesmaligen Lehrer mit ihnen wohl durchgelesen und erklärt werden. Cicero und Livius würden immer

sowol

ſowol, wie Virgil und Homer, auch alsdann nur noch Leſebücher der erſten Klaſſen bleiben; und der Anfänger in der Geſchichte würde ſeinen Nepos und Eutrop ſo gut behalten, wie vorher, nur mit dem Unterſchied, daß er izt nicht blos Wort=ſondern Sachkenntniſſe daraus erlernen, und ſeinen Autor nicht blos armſelig verſtümmeln, ſondern nun mit Verſtand durchleſen ſoll. — Und nur dann erſt erhebt ſich Deutſchlands Flor, wie die Sonne am hellen Mittage — wenn wir dieſe Barbaren der Latinität aus unſern Schulen verjagt haben, die ſchon ſo manchen herrlichen Kopf fürs Vaterland verdorben, und ſo manches deutſche Genie erſtikkt hat! — Sprachen ſind nicht die Wiſſenſchaften ſelbſt, ſind nur Hülfsmittel und Meilenzeiger derſelben! Wer nun aber ohne dieſelben den Weg zu ihrem Tempel finden kann, ohne daß er erſt nöthig hat, links und rechts ängſtlich um ſich zu ſehen, ob auch nicht dort an jener Tafel oder Säule ein anderer Weg vorgeſchrieben ſtehet, wird der nicht eher dahin kommen? — Wie oft unterdrükkte daher ein unweiſer Vater oder ein orbiliſcher Kathederdeſpot, den Gott im Zorn einer Schule zum Rektor gab; wie oft unterdrükkten dieſe in manchem Kopf, der zwar ſonſt Talente genug und Mutterwizz zu einer andern vielleicht ſolidern und alſo auch wichtigern Wiſſenſchaft beſaß, dem aber zum Unglükk das geſchmakklos barbariſche Decliniren und Conjugiren nicht ſchmekken wollte — ſo viele herrliche Anlagen

oft

oft vorsezzlich, und liessen es ihm hart genug
fühlen, daß Mutternatur ihn in Ausspendung
ihrer Geistesmitgift vergessen habe, und daß er
ein Taugenichts und Dummkopf sey! — —
Und dergleichen unvernünftige Beschimpfungen,
dergleichen kränkende Erniedrigungen, solcher
himmelschreyender Geistesmord, raubte denn oft
dem jungen Menschen vollends allen Eifer und
Muth, sich auf sein Lieblingsfach mit desto ange=
spannterem Fleisse zu legen, weil man ihn schon
unter die Verworfenen zählte; und Tiefsinn nebst
zu großes Mißtrauen auf eigene Kräfte machten
ihn auch zulezzt wirklich für die Welt verlohren! —

O Deutschland, — Vaterland! schäme dich,
daß du dieses alles schon so lange mit angesehen
und doch geschwiegen hast! schäme dich! daß du
Jahrhunderte lang ein so schimpfliches Joch ge=
tragen, das so manches rüstige Mutterkind in
der Blüte seiner Jahre niederdrükkte, und zum
Opfer seines lateinischen Afterlehrers machte! —
daß du deinen freyen Nakken unter dem tyran=
nischen Zepter eines Volks beugtest, das deine
Väter unterjochten, das schon längst in sein Nichts
zurükk gekehrt ist; das in einem andern Klima
ganz andern Gesezzen gehorchte, fremden Göttern
diente, und an abgöttischen Altären hinkniete. —
Sclaven nehmen wol sonst Sprache und Gesezze
ihres Ueberwinders an: aber Wir, sind wir
nicht Roms Ueberwinder? Warum prangen wir

C 2   denn

denn mit den Fesseln unserer Sklaven; warum lassen Deutschlands Fürsten sogar sich Gesezze von ihnen vorschreiben, und warum entlehnt Themis selbst Gerichtsform und Sprache aus jenen Zeiten, wo hochmüthige Consulen und Prätoren durch schielende, oft zweydeutige und für unsere Zeiten und Sitten gar nicht mehr anpassende — Machtsprüche vor mehr als 19 hundert Jahren einst Rom tyrannisirten? — Weg also mit der römischen Sprache aus deutschen Schulen! Weg mit römischen Gesezzen und ihrer Gerichtsform aus den Vorhöfen der Themis!'— deutsche Jünglinge wollen aus Vaterlands Schriftstellern und nach deutschen Mustern gebildet seyn. — Und Deutschlands Männer wollen sich nicht mehr nach den Aussprüchen eines schon längst verjährten Rechts richten lassen, das für sie keine Verbindlichkeit mehr hat! — Ha! wie wird sich der Genius des Vaterlands freuen, wenn wir diese schimpflichen Fesseln zerbrochen haben; wenn wir erst unserer Jugend statt der leeren tauben Schaale nun den genießbaren Kern selbst geben, und sie, statt mit armseligen Vokabellernen und zusammengestoppelten Phrasessammlungen ihre Köpfe zu zermartern, nun durch vaterländische Beyspiele und durch Sachkenntnisse zu bilden suchen. Ueberhaupt haben auch ja die Handlungen, welche in unsern Tagen von lebenden großen Männern, oder solchen, die kurz vor uns gelebt haben, geschehen sind, weit mehr Gewicht und ihre Lehren

stär-

stärkern Eindrukk, als wenn wir von den oft er=
dichteten großen Handlungen der Helden des Al=
terthums hören! —

Doch höre ich schon fragen: „Wie soll der künfti=
„ge Gottesgelehrte, Arzt und Juriste zurechtkom=
„men, wenn wir ihnen jene Quellen rauben,
„woraus sie doch ihre ganze Gelehrsamkeit schöpfen
„müssen?" Hierauf antworte ich, daß ich
1) Voraus sezze, daß auf Gymnasien und
Akademien alle lateinische Lehrbücher, also
auch alles Lateinische Diktiren der Paragra=
phen und Vorlesungsabschnitten gänzlich
abgeschaft seyn, und dafür nach deutschen
Lehrbüchern und in deutscher Sprache gelehrt
werden müsse. Und nun komme ich
2) Zuerst auf den Theologen. Dieser kann
völlig ohne Latein ein großer Gottesgelehrter
werden. Ja, aber die so nöthige Patri=
stik? — guter Gott! wo sind wol die
Köpfe, und sind sie da, wo ist Zeit, Lust
und Geld, um alle diese schon längst verro=
steten Schäzze von Irrthümern, Grillen
und abgeschmakkten Zankschriften sich anzu=
schaffen, und durchblättern, geschweige ernst=
lich durchstudiren zu können? — Welchen
Haufen von elender Spreu, die noch bis
izt nicht genug gesichtet ist, muß man da
durchwühlen, ehe man hie und da ein ge=
sundes Körnchen von vernünftigen Gedan=
ken

ken findet? — Und welch eiserner Fleiß, welche unermüdete Geduld gehört dazu, um mit gleichbleibendem Geiste nur eine Stunde lang dies elende Gewäsche durchzulesen, und welchen wesentlichen Nutzen habe ich davon? — Was kann es mir wol nützen, ob ich es weiß oder nicht, was dort ein herrschsüchtiger Bischof in Afrika von der Kindertaufe für Grillen gehabt hat, und wie menschenfreundlich er allen Ungetauften den Himmel vor die Nase zugeschlossen hat? — Welcher Vortheil entsteht für mich als Prediger daraus, ob ich weiß, was Irenäus, Origenes und Tertullian oder Eusebius und Nestorius sich unter einander von der Dreyeinheit und von der Vereinigung der beyden Naturen in Christo vorgezankt haben oder nicht? Aller solcher ungeistlichen Fragen und elenden Gewäsches soll sich der Christ nach Pauli Regel entschlagen, noch vielweniger können wir es verlangen, daß jemand in seiner Jugend darum sich mit Erlernung der Sprache zermartern, und weiter keinen Vortheil davon zu haben, als den, diese Auswüchse der Schwärmerey und gehirnlosen Produkte gallensüchtiger Kirchenlehrer aus dem ersten und zweyten Jahrhundert lesen zu können? Sollte aber ja für den Theologen so viel Weisheit in einigen Schriften der griechischen und

und lateinischen Kirchenväter verborgen liegen, so kann man einige wenige, die man für unentbehrlich hält, ebenfalls ins Deutsche übersezzen. Und so könnte der Theologe seinen Origenes und Tertullian, seinen Josephus und Philo, (welches zwar nicht Kirchenväter sind, aber doch auch bis izt noch immer für gute Hülfsmittel, die Geschichte des Neuen Testaments zu übersehen — geachtet werden —-) ohne ein einziges Wort Latein und Griechisch zu wissen, in seiner Muttersprache durchlesen, und ihn gewiß verstehen lernen. —

Und die Mode Lateinisch zu predigen, ist, dem Himmel sey Dank, bey uns schon längst abgekommen. Mancher Landgeistliche predigt seinen Bauern so schon unverständlich genug, ohne daß er es nöthig hat, seine Predigt mit lateinischen Brokken auszuspikken. Das Latein ist also für den Theologen bis izt noch immer höchst entbehrlich und unnüz; wenn es nur nicht noch auf das Tentamen und Examen rigorosum im Consistorio ankäme? Allein, können diese Herren Examinatoren nicht ihren ohnedies schon zitternden Kandidaten sein Glaubensbekenntniß in deutscher Sprache aufsagen lassen, warum müssen sie ihn noch dazu auf lateinisch hezzen? — Fragen ist überdem von je her leichter gewesen, als aus dem Stegereif antworten. Die Zeiten sind doch Gott

Lob auch nun vorbey, wo keine Antwort des Kandidaten galt, wenn sie nicht gerade mit den Worten des Hollatz, oder bey dem Juristen in den Ausdrükken des kleinen Struvs abgefaßt war. Damals ging das Examiniren noch so recht takt- und schlagmäßig nach einander weg!

   3) Der Jurist kann, wenn die lateinische Sprache abgeschaft ist, statt der Pandekten und Institutionen sein deutsches Landes- und Provinzialrecht, und jene Ueberbleibsel des römischen Despotismus, wenn er ja will — in deutscher Sprache lesen. Die Terminologie und oft unsinnige lateinische Kunstwörter in der Jurisprudenz müßten auf Universitäten sowol, als im Examen gänzlich abgeschaft, und statt des barbarisch römischen ein ganz neues deutsches Recht eingeführt werden. — Wozu dient der unnüzze Wortschwall von lateinischer Terminologie bey Aufnehmung eines Protocolls, oder bey der Führung eines Prozesses, wozu anders, als daß der Richter sich hinter diesen Feigenblättern verstekken, und seinem deutschen Kläger die Wahrheit desto eher verbergen kann? — Mit jedem lateinischen Ausdrukk muß doch auch ein Verstand und Sinn zu verbinden seyn, sonst ists ein tönend Erz und eine klingende Schelle — und wenn dies ist, warum drükkt man diesen Sinn

Sinn nicht deutsch aus? — Etwa, damit der Sinn des Gesezzes desto mehr verstekkt bleibe? — —

Ihr aber, ihr Schüler des Hippokrates und des Galenus könnt ebenfals jene zehnjährige Marter des Lateinlernens völlig ersparen, so bald ihr euch nur entschließen wollet, (und das müßet ihr thun, wenn jene Barbarey aus Deutschland verbannt seyn soll) — statt des lateinischen Abra Kadabara euch deutscher, andern Profanen unerklärbarer Charaktere und willkührlicher Zeichen zu bedienen, so oft ihr euch herablasset andere für Geld und gute Worte mit eurer Kunst zu helfen. Leset die Schriften des Hippokrates immer hin, sie mögen für euch Schäzze der Weisheit seyn; aber leset sie in eurer Muttersprache! — —

So kann Deutschland also getrost die Fesseln der lateinischen Barbarey zerbrechen, denn selbst seine Volkslehrer, Richter und Aerzte können sich ohne dieser Puppe zu vollkommenen Gelehrten bilden. Sollte aber auch wohl die gänzliche Verbannung und ewige Abschaffung der lateinischen Sprache nicht Undank gegen die Gelehrsamkeit selbst seyn, zu deren Tempel wir doch alle zunächst durch jene Schriftsteller geführet wurden, die einst in dieser Sprache ihr Vaterland und auch uns spätere Erdenbewohner gebildet und gelehret haben? — Dieser Vorwurf des Undanks gegen die Gelehrsamkeit trift mich nicht. Denn dieses kann keine Verachtung, kann kein Undank gegen dieselbige

bige seyn. Jene Schriftsteller schrieben gewiß nicht in der Absicht, daß die folgenden Jahrhunderte sie zur Plage der Schulen verdammen, und armselige Phraseologien daraus zusammenstoppeln sollten. (Was würde Cicero, Cäsar und Nepos sagen, wenn sie wieder aufstünden, und diesen Greuel der Erziehung mit ansähen? —) Nein! lesen sollten wir ihre Werke, aber mit Verstand für das Herz; unser Nachdenken und unsere Beurtheilungskraft sollte durch ihre Lecture geschärfet, und unsere Sitten durch ihre Vorschriften gebildet werden. Denn man studirt ja eben nicht, um viel zu wissen; sondern um besser zu werden! Und diese Lecture für den Verstand und für das Herz soll uns hernach ein gewisses feines Gefühl für alles edle, große, schöne und erhabene im physischen sowohl als vorzüglich im moralischen einflößen; soll uns zum weitern Forschen und Nachdenken über die mancherley Gegenstände im Reiche der Wahrheiten anreizen, und unsern Eifer entflammen, großen und erhabenen Mustern, auch für uns selbst immer mehr ähnlich zu werden. Die Erlernung der lateinischen Sprache war also nur in so fern bis izt nöthig, als sie uns geschickt machte, jene Werke des Alterthums lesen und (oft auch nur halb —) verstehen zu können. Sie war also nur das Vehikel der Gelehrsamkeit; sie war die Krükke, die mich Lahmen gehen lehrte; — Nunmehr aber, da ich gesund bin und von selbst allein gehen kann, werfe ich die Krükken weg — Ist dies wohl Undank gegen

das

das Geschenk der Gesundheit? — Und nun lehre ich hinwiederum andere diesen Tempel der Wissenschaften, — aber ohne jene Krükken, — gradezu, und ohne den mindesten Umweg erreichen: Ist dies wohl Verachtung gegen die Wissenschaften selbst? — — Bis izt leider! waren jene Hülfsmittel zur Gelehrsamkeit — die lateinische und griechische Sprache — immer noch fast unentbehrlich. — Sobald aber jene Meisterstükke der Gelehrsamkeit und jene Geistesproducte erst in unserer Muttersprache übersezt, und in den Schulen als Lesebücher eingeführt sind, — was bedarf es da wohl noch jener vieljährigen Kopf- und Geistesmarter? Jene Sprachen waren bis izt immer noch dem künftigen Gelehrten eben das, was mir Balancirstäbe sind, wenn ich mich auf einem schmalen Steig über einen breiten Fluß wage. Sie sind Stüzzen, die mich hinüber leiten; — so bald ich aber jenes blumenreiche Ufer erreicht habe, so werfe ich die Stüzzen weg — und überlasse sie andern, die nach mir diesen Uebersaz wagen wollen; und sie werden auch immer noch so lange ihren Werth behalten, bis gutdenkende Patrioten statt des gefährlichen Steges eine sichere gepflasterte Brükke über den Fluß schlagen lassen; und sollte ich alsdenn auch noch jene Stüzzen verehren, und sie andern als unentbehrlich anpreisen? —

Nein, Freunde der Wissenschaften! glaubt nicht, daß wenn diese Idole der Barbarey gestürzt ist — die Gelehrsamkeit am Grabe Latiens mit gesenk-

gesenkter Fakkel stehen und trauren werde, um den großen Verlust den sie eben dadurch erlitten habe?

Seyd versichert, Kenner der Gelehrsamkeit! daß eben dann die Zahl ihrer Verehrer bis ins unendliche wachsen wird, wenn dies fürchterliche Bollwerk zerstört ist, wenn die Hindernisse gehoben sind, die uns so lange noch den freyen Zugang zu ihrem Tempel versperrten! — — —

Welche Wollust wird es dann für den Jüngling seyn, der nach Weißheit frägt, wenn er sich, ohne jenen orbilischen Zwang der Pedanterey, ganz ins Meer der Wissenschaften hinein versenken, und seine nach Kenntniß durstende Seele frey und im Ueberfluß nun sättigen darf. — Wenn ihm nun nicht mehr wie ehedem geschah — eine armselige Phraseologie aus dem Nepos in die Hände gegeben wird, sondern wenn er in seinem 15ten Jahre schon Schäzze der Weißheit aus Athen und Latien benuzzen kann, deren Entdekkung sonst nur dem Mannesalter aufbehalten war! Ha Germanien! sey stolz und freue dich dann deines Sieges, wenn du jene Hyder der Schulen, die Mark und Geist der Jünglinge tödtet, einmahl doch nun bezwungen hast; wenn du jene Barbarey der Pedanterie überwunden hast, die deine Söhne alle zu armseligen Wortkrämern, und lateinschen Schulmonarchen drechselte. — Ha! wie wird die Gelehrsamkeit sich freuen, wenn ihre Zöglinge nun nicht mehr das erste Viertheil ihres Lebens hinduch um stinkende Pfüzzen und löchrichte Brunnen

nen herum irren, sondern grabesweges zur Quelle selbst gehen, und Teutschlands Muster und Meisterstükke der Kunst und Gelehrsamkeit ihren Geschmakk zu bilden, erwählen.

Willst du aber o Vaterland! dennoch die Dekke nicht fallen lassen, die dir bis izt deine Augen verhüllte; willst du noch nicht jene so wichtige Vortheile einsehen, welche durch Abschaffung der unnüzzen Latinität in den Schulen fürs ganze Menschengeschlecht entstehen, und ohnerachtet aller treu gemeinten Rathschläge; ohnerachtet aller Winke deiner Patrioten doch nicht bedenken was zu deinem Frieden dienet — so wisse, daß dein Schuzgeist um dich, wie eine Mutter um ihren verlohrnen Sohn trauret, unwillig von dir wegblikken, und dich so deinem Schikksale überlassen wird; — wisse es, daß ehe das Rad der Zeit noch ein Jahrhundert herumgewälzt hat, du in den tiefsten Todesschlummer der Barbarey völlig hinabsinken wirst! — Dann wirst du vielleicht, aber zu spät! — die Schaar der Jünglinge beklagen, welche durch versäumte Erfüllung jenes so heißen Wunsches aller rechtschaffenen Patrioten verlohren giengen, und für die Welt unbrauchbar blieben. —

Vierter und lezter Abschnitt.

Von denen nöthigern, nüzlichern und bessern Wissenschaften, welche nunmehro statt des Lateins in Deutschlands Erziehungsanstalten mit desto größerm Fleiße getrieben werden sollen.

Das Latein und Griechische also muß aus Deutschlands Schulen verbannt, und der Jüngling dafür mehr in seiner Muttersprache und in andern gemeinnüzzigen Kenntnissen geübt werden. Um auch hierin den Schaden des unnüzzen Lateinlernen auf Schulen desto deutlicher vorzustellen, und zu zeigen, wie die meisten sich auf Schulen, wenns köstlich gewesen ist, — in 7 oder 8 Jahren einen mittelmäßig guten lateinschen Styl auf Kosten der Cultur ihrer lieben Muttersprache, worin sie doch reden und schreiben müssen — erwerben; mag folgende Anekdote hier ihren Plaz finden:

Ein Referendair einer gewissen Kammer sollte dem Chef seines Departements ein Protocoll aufsezzen.

sezzen. Weil dieses aber sehr verworren und unverständlich abgefaßt war; so ließ ihn der Chef fordern, und indem jener hereintrat, las dieser eben eine sehr zierlich gesezte lateinische Rede aufmerksam durch, welche dieser junge Rechtsgelehrte in seinem 16ten Jahre gehalten hatte. Er betrachtete ihn genau, und endlich fing er an: „Aber, „ums Himmels willen, wie ist es möglich, daß „Sie in Ihrem 16ten Jahre auf Schulen eine so „zierlich ausgearbeitete Rede halten konnten, und „jezt, da Sie 24 Jahr alt sind, können Sie nicht „einmal die Aussagen der Partheyen, so wie sie „Ihnen in den Mund gelegt werden, auf eine ver„nünftige Art zusammensezzen? — — Soll ich „etwa noch Professores berufen, die die jungen „Herren die deutsche Grammatik und Orato„rie lehren?„ — — Der Referendair verstummte! —

Hieraus ergiebt sich also von selbst, daß nichts so sehr für unsere Jugend nöthig, ja ganz unentbehrlich ist, als statt alles lateinischen Wustes und Unraths unsere Zöglinge auf Schulen in der deutschen Sprachlehre und Oratorie zu unterrichten! Einige haben wol gar dadurch sich berühmt zu machen gesucht, im Deutschen einen recht elenden und jämmerlichen entweder schwülstigen und dunkeln oder niedrigplanen Styl zu schreiben, wenn sie nur dafür mit dem Ehrentitel eines Ciceronianischen Lateiners belegt wurden.

Unmaß-

Unmaßgeblich wäre also der künftige Erziehungs- und Unterrichtsplan in allen deutschen Schulen, Gymnasien oder Lycäen, Philantropinen oder Realschulen folgender:

1) **Religionsunterricht** — aber ein gesunder und starker, der mehr practisch als theoretisch getrieben wird, und ins Leben übergeht. Keine kopfhängende Heuchelei einer gewissen Schulanstalt, wo jeder freye Blikk in Gottes Natur dem eingekerkerten Zögling zur Sünde gemacht — wo Gott Tag und Nacht mit Beten und Singen gleichsam gestürmt wird, das zulezt bloß sclavischer Mechanismus und geistloses Zwangwerk wird, dabey dem Jüngling die ganze Religion, weil sie so takt- und schlagmäßig im Ton des Gebieters und strengen Lehrers vorgetragen wird, endlich zum Ekel werden muß! — Nein, ein liebevoller nach Psychologischen Grundsäzzen und mit dem Tone des Vaters und Freundes gehaltener Unterricht in der liebenswürdigen Lehre Jesu, auf eine solche Art, daß Gott, Tugend und Religion dem Jüngling stets verehrungswürdig und heilig bleiben; daß ihre Eindrükke ihn überall begleiten, und er so das wahre Glükk eines Menschen und Christen zugleich auf der Welt ganz empfinden lernt.

2) **Christ-**

2) **Chriſtliche Moral.** Auch von dieſer gilt
dasjenige, was von dem Religionsunter=
richt bereits geſagt iſt. Nicht nach dem Ka=
techismus oder Syſtem einer alten Sitten=
lehre, ſondern auf eine anſchauliche, über=
zeugende und ſinnlich dargeſtellte Art —
wo der Lehrer ſelbſt mehr durch Handeln als
durch Reden und Befehlen, mehr durch
ſeinen eigenen Charakter und Umgang als
durch den Kathedervortrag zu beſſern ſucht.

3) Sodann muß ſtatt der 2 oder gar 3 Stun=
den langen lateiniſchen Marter, viel — recht
ſehr viel Geographie getrieben werden.
Ich würde hierzu den Gebrauch der Karten,
beſonders der neuern guten Specialkarten
als höchſt wichtig empfehlen. Fabri's Lehr=
buch der Geographie, Raff und Baumann,
ſind auſſer dem Vater dieſer Wiſſenſchaft,
unſerm würdigen Büſching, die nüzlichſten
Lehrbücher. —

4) Geſchichte, aber auch mehr praktiſch als
blos theoretiſch, mehr für das Herz und den
Verſtand, als blos fürs Gedächtniß.
Schröks und Müllers Lehrbücher, nebſt
Schmidts Geſchichte der Deutſchen, wür=
den hier die vortreflichſten Lehrer ſeyn.

5) Mit der politiſchen Völker= und Staaten=
geſchichte würde denn wohl am ſchicklichſten
auch die Geſchichte der Natur, und alles
was zur anſchaulich machenden Darſtellung

D der

der Erd- und Himmelskörper gehört, — also die Physik im ganzen weitläuftigsten Verstande dieses Worts zu verbinden seyn.

Was kann wohl einem Menschen mehr interessiren, was ihm mehr Beruhigung und Trost in so vielen Vorfallenheiten seines Lebens gewähren, als wenn er gelernt hat, sich selbst und die Kräfte und Würkungen aller derjenigen Dinge, die außer ihm sind, deutlich zu erkennen? Wie manche unnöthige Furcht, womit der bloß lateinische Aftergelehrte sich sein Leben hindurch plaget, verschwindet für den der statt jenes Ballastes sich dafür reellere Kenntnisse von den Werken der Natur, von ihren Abänderungen und Erscheinungen zu erwerben gesucht hat? — — Und sodann wäre

6) noch deutsche Sprachlehre täglich in mehr als einer Stunde zu treiben. Oratorie und deutsche Grammatik müssen in jeder Schulanstalt aufs fleißigste und schärfste geübt werden. Jeder Mensch, er sey nun Schuster oder Schneider, Landwirth oder Handelsmann, Gelehrter oder Soldat, Unterthan oder Obrigkeit, muß lernen, seine Gedanken rein, gut und verständlich auszudrükken im Sprechen und im Schreiben! Welcher Gelehrter, vorzüglich der Theologe und Jurist, kann ohne dieser deutschen Oratorie, ohne dieser Cultur ihrer Muttersprache und Bildung

dung ihres Styls im Deutschen wol fertig werden? Und doch wie wenig findet man unter diesen Ständen, die vor allen gelehrten Schwall der todten Sprach= und Wortkenntniße sich noch bis zur Ausbildung ihrer Muttersprache haben erheben können. Wie viele Prediger haben einen so erbärmlichen Ton und so fürchterlich dunkeln oder pöbelhaft niedrigen Styl, daß der Geduldigste sich nur entschließen kann, ihre Predigt ganz auszuhören! — und wie kopflos arbeitet nicht mancher Jurist seine Relation oder sein Protocoll aus! Alles dieses kömmt aber daher, weil sie nach ihrer Väterweise unter dem Stekken des Treibers auf Schulen zu elenden ciceronianischen Sprachverderbern gebildet wurden, von denen nur der kleinste Theil Geist und Muth genug hatte, sich in der Folge nach bessern Mustern zu bilden. — Endlich aber wäre

7) Geometrie und Mathematik überhaupt, — vorzüglich aber erstere das Nöthigste unter allen. Jeder junge Mensch müste billig schon in seinem 16ten Jahre alle Gegenstände, die sein Auge täglich rings um sich erblikt, ausmessen und berechnen können! — Kein Gelehrter, Handelsmann oder Künstler, am allerwenigsten aber der Soldat und Landwirth — können ohne diese Geometrie sich in ihrem Fach auf irgend eine Art nur qualificiren! — Wie

muß nicht mancher stolze Herr Oberamtmann, um einen District oder Flächenraum von 20 bis 30 Morgen Land auszumessen, einen Ausmesser oft viele Meilen weit herkommen lassen, und ihn für diese Kleinigkeit 30 bis 50 Thaler hinzahlen. Allein weder er, noch der Herr Pastor loci, haben dieses jemals gelernet, indem sie in ihrer Jugend von jenen lächerlichen Pansophen cum altis superciliis gelehrt wurden; bey allen, was nicht in ihrem Nepos, Cicero oder Cäsar stünde, und was diese Chèf-d'oeuvres nicht abgehandelt hätten, sogleich zu sagen: hoc infra me! — — Wäre dieses nicht; so könnten es izt der Herr Pastor und der Herr Oberamtmann mit leichter Mühe selbst verrichten, und der Gemeinde diese unnöthigen Kosten ersparen. —

Daß der Unterricht im Französischen, schönen und orthographischen Schreiben sowol, als wie im fertigen Rechnen und geschwinden Auflösen aller schweren Rechenaufgaben hiebey vorausgesezt, und als unumgänglich nothwendig angesehen werde, darf man wol kaum noch anzeigen. Und auf Universitäten muß ausser den Brodtcollegien auch mehr gesunde Logik und Philosophie gelehrt werden. Erstere kann schon auf
Schu-

Schulen in der obersten Klasse mit dem jungen Weltbürger — aber nicht nach einer Syllogismensophystik, — sondern mehr praktisch — getrieben werden.

Ehe dieser Plan nicht allgemein realisiret und eingeführt wird, eher ist auch an keine wahrhafte Verbesserung, weder der alten noch der jungen Welt jemals zu gedenken. Erst muß die Jugend jenes alten unnützen Ballasts ganz überhoben werden, und dann können die sämtlichen Söhne Deutschlands in vorhingedachten gemeinnützigen Kenntnissen, die ihrem künftigen Beruf angemessen sind, und welche ihnen dereinst bey ihrem Stande Brodt, Ansehen und Ehre verschaffen sollen, aufs treulichste unterrichtet werden.

Doch auch dis sind und bleiben vielleicht nur fromme Wünsche! Und wo sollte die Welt auch mit so vielen alten bloß lateinschen Männern hin, mit so vielen Schulmonarchen — die oft weiter nichts, als ihr mensa und esse videtur gelernet haben? —

Zum Schluß will ich noch folgendes Gespräch hier einrükken, das gewiß seine Stelle verdienen wird, um die entsezlichen Folgen des so schädlichen Viel= und Frühwissens der Kinder allen Jugenderziehern recht sichtbar unter die Augen zu stellen. Es ist ein wahrer Geistes= und Seelenmord, dem Kinde, das noch die Welt erst kennen lernen, und und die Natur genießen soll, lieber statt des Nüzlichen und Wissenswürdigen den Kopf voll elender Wortkrämerey und Sprachkenntnisse zu stopfen, und auf diese Art den Aftergelehrten auf Kosten des gesunden und gradedenkenden Menschen zu bilden.

Doch hier folgt das Gespräch selbst, es ist zwischen dem Herrn Professor Pansophus, der freyen Künste Meister, und vieler gelehrten Gesellschaften Mitglied, und

Valentin Gutmann.

Jener ist ein solcher unweiser Aftererzieher, und lezterer ein Mann von gradem, schlichten Menschenverstande, und von dem besten Herzen.

Pansophus.

Werd' Jhnen gleich meinen Christophorum produciren. Er ist nun grade 6 Jahr alt, aber sollten Sie nur die Augen zuthun, und ihn so reden hören, so wette ich, Sie würden ihn für einen 16jährigen Studiosum halten.

Gut=

Gutmann.

Das wäre!

Pansophus.

Wie ich Ihnen sage: das Knäbchen spricht sein Latein, sein Französisch, man kann nicht besser — Schröks Universalhistorie und Gatterers Wappenlehre kann er beynahe ganz auswendig, und den halben Linneus weiß er auf den Fingern herzusagen. In der Theologie, Mythologie und Kirchengeschichte hat er für sein Alter ganz unglaubliche Stärke. Er weiß Ihnen Z. E. jedes Liebesgeschichtgen des Jupiters haarklein zu erzählen, nach allen Umständen! Herr Gutmann, — Ha! Ha! Ha!

Gutmann.

Ich erstaune!

Pansophus.

Nun sie sollen gleich hören! — (an die Kammerthür laufend) Christöffelchen, Christöffelchen! hörst du?

Christöffel in der Nebenkammer.

Quid clamitas, mi pater? — habe mein Pensum noch nicht ausgelernt. Attendez un peu! —

Pansophus.

Hören Sie, Hören Sie Herr Gutmann! gleich in drey Sprachen! S' ist ein erstaunlicher Junge.

Junge. Er schlachtet ganz nach mir, — wie seine Mutter spricht. Nun komm nur, Chriſtöffelchen? komm nur, kannſt dieſen Abend nach dem Eſſen noch lernen. Hier iſt ein Herr, der ein bischen von deiner Gelehrſamkeit hören möchte.

Gutmann. für ſich das Kind betrachtend.

Um Gottes willen! iſt's möglich? —

Chriſtöffelchen tritt herein, die Feder hinterm Ohr, und einen großen Quartanten in die Hand, macht einen abgezirkelten pedantiſchen Reverenz: —

Salve, ampliſſime Domine!
Je Vous ſalue mon Père! —

Gutmann.

Gott bewahre! das Kind ſieht ja ſo blaß aus wie eine Leiche; es iſt wohl krank?

Panſophus.

Ein Zeichen ſeiner Applikation! weiter nichts, Herr Gutmann, weiter nichts! Wie heißt doch wohl das Sprüchwort, Chriſtöffelchen! — das vom Blaßſeyn? qu: — qui? — —

Chriſtoph.

Qui pallet, aut amat aut ſtudet.

Panſophus.

Recht, recht! aut amat aut ſtudet. Nun mit dem Erſtern hätte es noch ein biſſel Zeit —

Nicht

Nicht Christöffel? — Hi! Hi! Hi! — Aber studieren, studieren! daß dir der Kopf raucht! — Das giebt einen Gelehrten, welcher dem Katheder Ehre macht. —

Gutmann, für sich.

Und der Menschheit Schande! —

Pansophus.

Nun, sollst doch dem Herrn ein klein specimen diligentiæ geben. Wollen immer mit der Kirchengeschichte anfangen. Sage mir doch, mein Sohn! wer waren denn die Gnostiker? Aber clara voce, mi Christophore! —

Christoph, mit durchdringender Stimme und einerley Ton:

Die Gnostiker waren die ersten Ketzer, die sich einer besondern Kenntniß oder Gnoseos rühmten.

Pansophus.

Bene! bene! Aber was sind denn das für Leute, die man Ketzer nennt?

Christoph.

Abscheuliche Menschen, die nicht alles glauben, was die Kirche glaubt und in der Dogmatik steht, und die deswegen auch ewig verdammt werden.

Pansophus.

Schön! Schön! — und deswegen ewig verdammt werden. Im Vorbeygehen Herr Gutmann!

D 5

mann! bemerken Sie doch, wie ich alle seine Kenntnisse gleich auf das Praktische leite, — auf die Bildung seines Herzens! — Nun weiter: In welchem Seculo entstand denn diese abscheuliche Sekte der Gnostiker?

Christöffel.

Gleich seculo primo.

Gutmann.

Erlauben Sie Herr Professor! daß ich auch einmahl eine Frage thue: In welcher Jahrszeit, mein Sohn! wird denn der Rokken gesäet? —

Christöffel, macht ein Paar große Augen, und sieht seinen Vater starr an:

Mi Pater! was ist denn das — Rokken?

Pansophus.

O das brauchst du nicht zu wissen; das gehört nur für den Bauer. Der Herr spaßt nur, und will versuchen, ob er dich wol irre machen könne? aber gut! daß ich dir bey dieser Gelegenheit eine schöne Regel geben kann: Siehst du? mein Sohn! ein Gelehrter muß in seiner Würde bleiben, und sich niemals vergessen! — Deshalb muß er, so oft von Dingen aus dem gemeinen Leben die Rede ist, das Gespräch gleich abschneiden durch ein: hoc infra me. Das ist unter mir, das geht mich nicht an.

Gut=

Gutmann.

Vortreflich, Herr Professor!

Pansophus die Hände reibend.

Sie sehen, wie ich jede Gelegenheit zu benutzen weiß. Nun wollen wir doch gleich sehen, wie's mit seinem Judizio beschaffen ist, ob er auch die Regel, die ich ihm itzt gegeben habe, data occasione anzuwenden weiß. (Er räuspert sich, indem er auf einen Fall sinnt) „Das gemeine Leben wird unter Einem, der immer mit höhern Dingen beschäftiget ist, so fremd, daß man zuletzt nicht einmal ein Beyspiel mehr daraus herzunehmen weiß." — (Er reibt sich die Stirne.)

Gutmann.

Martern sie ihr Gedächtniß nicht, Herr Professor! ich will schon statt Ihrer fragen. — Gesezt, mein Sohn! du wärest schon groß und stark; und sähest auf der Straße einen alten abgelebten Greis durch einen Fehltritt ausgleiten und hinfallen; und nun könnte dieser schwache Alte von selbst nicht wieder aufstehen; was würdest du thun? —

Christöffel.

Hoc infra me! das geht mich nicht an! —

Pansophus, ganz entzückt auffahrend.

O du Goldsöhnchen! laß dich umarmen, mein theures Ebenbild! das heisse ich ein Judicium.

Aus dir wird noch ein großer Mann werden. Ein großer Mann! — aber, St! da höre ich Jemanden die Treppe heraufkommen, es wird dein Informator seyn; — lauf, lauf Christöffel! er wird heute noch das Griechische mit dir anfangen.

Christöffel.
Vale, vir doctissime!

Gutmann.
Ich bin kein Gelehrter, mein Kind!

Christöffel.
Kein Gelehrter? das hätte ich wissen sollen. Ffuy! — (geht ab.)

Pansophus.
Nun lieber Herr Gutmann! was sagen Sie zu dem Kinde?

Gutmann.
In der That Herr Professor! Sie wissen ich bin nur ein Laye. Laßen Sie mich immer mein Urtheil zurükhalten! —

Pansophus.
Zurükhalten? — Ey warum das? Wenn Sie auch gleich nur ein Laye sind, und ihre Gedanken nicht auf eine scientivische Art ausdrukken können, das schadet nichts! es wird doch wahr seyn. Denn ohne Flatterie, ich halte Sie für einen

einen Mann von gesundem natürlichen Verstande, ich versichere Sie!

Gutmann.

Sie beschämen mich; aber werden Sie nicht Ihr Urtheil über mich nicht zurükknehmen, sobald ich Ihnen gerade zu gestehe, daß mein eigener kleiner Junge, der nun auch schon im 6ten Jahre ist, von alle der Gelehrsamkeit des Ihrigen noch kein Wort weiß? Noch nicht einmal in seiner Muttersprache lesen kann? Und das Merkwürdigste ist dabey, daß ich ihn selbst in dieser Unwissenheit recht mit Fleiß erhalten habe! —

Pansophus, zurükfahrend.

Sie sezzen mich in Erstaunen! hab ich auch recht gehört? Wie! mit Fleiß sagten Sie? —

Gutmann.

Mit Fleiß, Herr Professor!

Pansophus.

Da stehet denn mein Verstand stille!

Gutmann.

Der Meinige nicht. Ich glaube vielmehr, daß mein bischen Menschenverstand nie wirksamer gewesen ist, als gerade damals, da er die unaussprechliche Schädlichkeit des Frühwissens und Vielwissens unserer heutigen Kinder erkannte. Ich versichere Sie, daß ich recht stolz bin, wenn ich meinen Buben so zuweilen in Gesellschaft anderer

derer Kinder nach dem neuesten Zuschnitt sehe, deren Eins mit affectirten Grimassen eine Fabel oder ein Liedchen herlispelt; das andere einen ganzen Moderoman auswendig weiß; das dritte alle Kayser und Könige, Kalifen und Großsultans von Anbeginn der Welt auf den Fingern herzählen kann, und mein kleiner dikker Dummbart nun so da steht, seine großen blauen Augen aufreißt, und nicht weiß oder begreifen kann, was jene Drathpuppen, denen man die Modeerziehung an der Stirne abließt, mit alle dem Zeuge sagen wollen. O! das ist eine königliche Lust für mich, das alles so mit anzusehen! —

Pansophus.

Ich hoffe noch immer, der Herr Gutmann werden nur zu spaßen belieben.

Gutmann.

Keinesweges! — und wenns benn hernach Gelegenheit giebt, von natürlichen und häuslichen Dingen zu schwazzen, und mein Junge sich nun auf einmal wieder fühlt, die Cameraden beym Arm nimmt, sie hinausschleppt auf den Hof, oder in die Scheune, oder in den Garten, und ihnen da hunderterley Dinge zu erzählen weiß, und so mancherley zu zeigen hat, hier ein Werkzeug, dort ein Gewächs, da ein Thier; — und jedes Beschaffenheit, Gebrauch und Nuzzen beschreibt; dann auf einmal stillschweigend den schöngefärbten Abendhimmel beschaut, und ihn schweigend an-

anstaunt; oder irgend einer herrlichen Aussicht nachhängt; und denn die andern kleinen Frazzen bey dem Allen so betroffen und großäugigt da stehen, als mein Bube vorher, da sie ihre Brokken auskramten: — o so zittert mir oft eine Freudenthräne im Auge, welches dankbar gen Himmel blikkt, daß wir beyde, mein gutes Weib und ich, vor dem leidigen Modestrom der heutigen Erziehungs Weise bewahret wurden, wodurch die herrlichsten jungen Geschöpfe Gottes zu bleichen, hagern, schwächlichen und abgeschmakten, von Wahn und Prätensionen strozzenden Pavianen gemodelt werden! —

Pansophus.

Sie vergessen, wie es scheint, Wen Sie vor sich haben — (räuspert sich, zieht die Hemdkrausen hervor, und läßt das Unterkinn ein wenig anschwellen. —) Aber ich muß Ihnen sagen, daß es ein bischen mehr als verwegen ist, solche Paradoxa mit einer so zuversichtlichen Miene (quasi vero! —) gegen einen Mann zu behaupten, der nun schon ins 20te Jahr eine öffentliche Professur bekleidet, und schon mehr als 6 mahl einen Cursum vollständig über die Pädagogik absolviret hat. Hm! — (sich mit vieler Würde in die Brust werfend.)

Gutmann.

Verzeihen Sie, Herr Professor! ich hatte freylich nicht bedacht, Wen ich vor mir habe, denn sonst würde ich geschwiegen haben, so wie ich izt thun werde.

Pansophus, der diese Ironie für Ernst aufnimmt.

Nicht doch, Herr Gutmann! Nicht doch, man muß auch nicht gar zu mißtrauisch seyn, wenn man mit gelehrten Männern redet. Wollte man in ihrer Gegenwart immer nur schweigen, so würde man ihnen dadurch alle Gelegenheit benehmen, die Früchte ihrer vieljährigen Meditationen an den Tag zu legen, und ihre unwissenden Nebenmenschen zu belehren. Reden Sie also, reden Sie, Herr Gutmann! ich will mich, so sehr es mir immer möglich ist, zu Ihnen herablassen, und Ihnen Ihre gewöhnlichen Irrthümer über die Erziehung zu benehmen suchen.

Gutmann, mit beschämter Miene.

Wie gütig! — —

Pansophus.

Sie haben also Ihren Herrn Sohn, wie Sie zu sagen beliebten, noch nicht einmahl in seiner Muttersprache lesen gelehrt; und die Ursache wenn ich fragen dürfte? —

Gutmann.

Ist die simpelste von der Welt! weil er bisher noch keine Zeit dazu gehabt hat.

Pansophus.

Noch keine Zeit? Und was kann denn ein Knäbchen in den ersten 6 Jahren seines Lebens so wichtiges zu thun haben, das ihn am Lesenlernen hinderte? —

Gut=

Gutmann.

O sehr viel! Wahrhaftig viel! ich verſichere Sie.

Panſophus.

Nun, und exempli gratia?

Gutmann.

Ex. gr. Er muſte — leben; und dann ſo muſte er — fühlen, daß er lebt, und dann ſich — freuen, daß er lebe, und dann ſich — zu einem noch angenehmern Leben vorbereiten.

Panſophus.

Seltſamer Mann! Sie müßen mich entweder zum Beſten haben; oder Sie wiſſen nicht, was ſie da reden? —

Gutmann.

Beym Himmel! ich rede im ganzen Ernſte, und weiß ſehr wohl, was ich ſpreche: Aber was kann ich dafür, wenn meine Sprache zu ungelehrt iſt, um von einem ſo hochgelahrten Manne, wie Sie ſind, verſtanden zu werden? —

Panſophus.

Nun, nun! dem Uebel iſt abzuhelfen. Fangen ſie nur immer damit an, Ihre Begriffe zu analyſiren, und vorher erſt feſtzuſezzen. Was nennen Sie leben?

Gutmann.

Ich nenne leben — selbstthätig seyn, um nicht wie eine Drathpuppe von andern geführt und bewegt zu werden, sondern aus eigener Wahl bald dieses bald jenes vorzunehmen. — Sein Leben fühlen, und sich desselben erfreuen, nenne ich, wenn man sich dieser eigenen Wirksamkeit bewußt ist, und das, was dadurch zu Stande gebracht wurde, mit Wohlgefallen vor Augen hat. — Sich endlich zu einem immer angenehmern Leben vorbereiten, heißt sich üben: seine Leibes= und Seelenkräfte durch Selbstthätigkeit zu gebrauchen; seinen Körper durch Handarbeit und Bewegung in freyer Luft abzuhärten und geschmeidig zu machen; sein Natur= und Menschengefühl durch täglichen Natur= und Menschengenuß zu stärken und zu veredeln, und endlich allerley Kenntnisse und Erfahrungen von solchen Dingen zu sammlen, welche zunächst um uns sind, und also auf unsere Zufriedenheit oder Unzufriedenheit auch den ersten und größten Einfluß haben. Nun sehen sie, Herr Professor! das alles hat mein Knabe bisher gethan, und daher zum Lesenlernen noch keine Zeit gehabt. Aber der Ihrige?

Pansophus.

Nun der Meinige? Hat er nicht alles das, nur das wilde ungesittete Bauernwesen ausgenom=

nommen — auch gethan; noch viel besser gethan, indem er von der Wiege an, den edlen Studien obgelegen hat. Den edlen Studien, sage ich, von denen schon der blinde Heide Cicero rühmt, daß sie adolescentiam alunt, senectutem oblectant, secundas res ornant, adversis perfugium & solatium præbent, & sic porro; — und Ovidius &c.

Gutmann.

Lassen Sie uns izt die blinden Heiden den Cicero und Ovidius zusammt ihren Sentenzen aus dem Spiel. Denn es konnte wohl seyn, daß sie unter den schönen Studien, deren Vortheile sie so sehr erheben, etwas ganz anders verstunden, als was unsern armen Kindern jezo eingekünstelt oder eingebläuet wird. Sie sagen: Ihr Sohn habe bis izt auch gelebt, oder vielmehr noch besser als der Meinige, und dies ist der erste Punkt, worin ich Ihnen grade zu widersprechen muß. Ich bitte Sie, Herr Professor! was hat er denn bis izt gethan, was eine willenlose Marionette, wenn sie Gedächtniß und Sprachwerkzeuge hätte, nicht eben so gut verrichten würde? Was gethan, wodurch er sich als ein selbstständiges, aus eigenem Antriebe und aus eigener Kraft handelndes Wesen zeigte? Er hat fremde Sprachen gelernet, wie der Papagay; Er hat gelesen und memoriret, ohne zu wissen, was und wozu? Den ganzen Tag hat er über den Büchern gelegen, weil er dazu gezwungen wurde, es mag nun durch orbilische Zwangsmittel oder durch Eitelkeit und Ehrsucht, die man durch unbedachtsames Lobpreisen in ihm angefacht und genährt hatte, geschehen seyn. Heißt das nun wohl leben? Heißt das seines Lebens bewußt seyn, oder sich desselben freuen? —— —

Pansophus.

Ignoti nulla cupido! — Und Herr Gutmann! verzeyhen Sie, daß ich auch dieses, ohne Sie zu beleidigen, anmerken muß: ne sutor ultra crepidam! — Wenn Sie wüßten, was, aus welchen Facultatibus die Seele zusammengesezt ist; wüßten Sie, daß beyde, vorzüglich aber die Erstere, wozu gehören ratio, intellectus, ingenium, acumen, memoria &c. durch nichts mehr als durch das Studieren entwikkelt, entfaltet, genährt, gepflegt und gestärket werden; wüßten Sie endlich, damit ich in der anaphora fortfahre, was das Studieren einem wohlgebornen Knaben (*puero bene nato* — meine ich) für ein himmlisches und göttliches Vergnügen gewährt; o gewiß, Sie würden ganz anders reden, würden es sich sehr leid seyn lassen, ihr Eigenes vernachläßigtes Söhnlein bisher in einer so be-
jam-

jammerenswehrten und unverantwortlichen Unwiſ=
ſenheit gelaſſen zu haben! —

Gutmann.

Unwiſſenheit? — Wer ſagt denn, daß ich ihn
unwiſſend gelaſſen habe? Ich behaupte vielmehr
ganz kühnlich, daß er mehr als Ihr eigener Sohn
wiſſe, ſo gelehrt dieſer auch immer ſeyn mag! —

Panſophus.

Wie, was, was? — Was ſagen Sie nun
da wieder? — Iſt denn wirklich Eins von uns
beyden taub oder verrückt?

Gutmann.

Daß ich nicht wüßte! —

Panſophus.

Nun aber, was laſſen Sie denn für ſchrey=
ende Widerſprüche wider ſich zu Schulden kom=
men? — Erſt geben Sie mir Recht, daß Ihr
Sohn noch gar nichts gelernt habe, von dem
was der Meinige wiſſe, und nun rühmen Sie
wieder von ihm, daß er noch mehr wiſſe als der
Meinige?

Gutmann.

Beydes sehr wahr und unbegreiflich. Ich will Ihnen jedoch das Räthzel erklären. — Mein Knabe kann wirklich weder lesen noch schreiben, weder lateinisch noch griechisch; (ein wenig Französisch hat er so aufgeschnappt, ohne daß wir's ihn eben gelehrt hätten —) kennt weder den Linné noch den Gatterer noch den Schrökh; weiß von der Mythologie noch Theologie, auch von der Kirchen= und Ketzergeschichte noch keine Sylbe; mit einem Worte, er hat noch gar nichts gehört oder gelesen noch gelernt von allen dem was zu der eigentlichen Gelehrsamkeit gerechnet wird. Aber statt dessen hat er andere Sachen getrieben, von denen ich glaubte, daß sie ihm in seinem jetzigen Alter am nüzlichsten wären; die ihm auch sicher mehr Freuden machten, und so wohl für seine Gesundheit als auch für die Entwikkelung seiner jungen Kräfte und Fähigkeiten zuträglicher zu seyn schienen.

Pansophus.

Und diese andern Dinge waren, wenn man fragen darf? — —

Gutmann.

Sie werden lachen, wenn ich sie Ihnen erzähle, aber immerhin! — Das soll mich nicht abhalten, sie Ihnen offenherzig zu gestehen:
Statt

Statt meinen Buben Wörter von Dingen zu lehren, die er noch nicht kennt, habe ich ihn mit allen Gegenständen selbst, welche um und neben uns sind, — sowohl in dem Hauswesen, als auch in der Natur — durch den Gebrauch seiner eigenen Sinne bekannt werden lassen; — statt ihm die Namen entfernter Länder, Städte, Flüsse und Meere jezt schon einzutrichtern, hat er durch tägliches Herumlaufen die Geographie unsers Hauses, unsers Gartens, unsers Dorfes und unsrer Feldmarken ohne Charten gelernet; statt ihm Beschreibungen oder Abzeichnungen ausländischer Kräuter, Gewächse und Thiere, nebst andern fremden Naturgütern nach dem Linné, Büffon und Raff jezt schon in die Hände zu geben, habe ich ihn die Naturhistorie unsrer Gegend, und aller Produkte derselben, nicht aber aus Büchern, sondern aus der Natur selbst durch den Gebrauch seiner fünf Sinnen lernen lassen. Er weiß noch nicht, wie der Ihrige vermuthlich schon wissen wird, wo und wie der Coffee, Zukker, Thee und die Gewürznägelein wachsen und zubereitet werden; aber wie die Erdtoffeln behakkt, und wie der Kohl gepflanzt werden müsse, das weiß er Ihnen schon troz dem besten Landwirthe. Von der Welthistorie weiß er noch kein Wort; aber die täglichen Geschichten unsers eigenen Hauses, unsers Gartens, unsrer Ställe, allenfalls auch die hervorstechendsten Universalgeschichten des Dorfes weiß er jedem

Fremden haarklein und mit allen Nebenumständen zu erzählen. Was die Heraldik oder Wappenlehre für ein Ding sey, ob sie mit Löffeln oder mit Gabeln gegessen werde, darum hat er sich noch nie bekümmert, aber fragen Sie ihn einmahl was für ein Schild für der Dorfschenke hänge, oder was für ein Zeichen auf dem Zollbrete haußen vor dem Dorfe angebracht sey: und wir wollen es hören, ob er darin ein Ignorante sey! Gedichte zu deklamiren hat er noch nie versucht, denn die Wahrheit zu sagen, so hat er noch keine gehört. — Einige unschuldige Landlieder ausgenommen, welche ich das Gesinde gelehrt habe, und die er zuweilen bey der Arbeit singen hört; — und lesen, kann ja der arme Schelm noch keine. Aber sein poetisches Gefühl ist dem ohngeachtet nicht müßig gewesen, so oft er an einem schönen Abend oder an einem heitern Morgen an meiner oder seiner guten Mutter Hand hinaus aufs freye Feld gieng, die reinste Landluft einathmete, des lieben Gottes offenen Himmel über sich, die anmuthvollsten Gegenden um und vor sich sahe, und durch einen Druck der Hand, oder durch ein herzliches Schmätzchen aufmerksam gemacht wurde auf die Eindrükke, die das alles auf das Herz seiner Eltern machte, und er dann auch nach und nach anfing, etwas ähnliches dabey zu empfinden. Und ich möchte nicht darauf schwören, daß er nicht ein Paarmahl unter solchen Empfindungen, einige Minuten lang wohl gar schon ein wirklicher Dich=

Dichter gewesen wäre, ohne daß er daran dachte, und ohne daß ihm ein Wort aus dem Munde gieng.

Pansophus.

Eine besondere Art Dichter, welche Poesien brüten, ohne es zu wissen, — und ohne sie an den Tag zu bringen! ! — —

Gutmann.

Es würde vielleicht um die Welt eben nicht schlimmer stehen, wenn diese Art von Dichtern allgemeiner, und die Zahl der Gewöhnlichen nur auf die Wenigen eingeschränkt würde, welche von der Natur recht eigentlich dazu berufen sind laute zu dichten. — Doch dies bey Seite gesezt. Sie sehen nun wohl, hoffe ich, ein, daß ich das kleine Seelchen meines Jungens eben nicht habe braach liegen lassen, ohngeachtet er noch nichts aus Büchern gelernt hat. Der ganze Unterschied zwischen seiner und Ihres Sohns Unterweisung besteht also darinn, daß Jener fast lauter Sachen, dieser fast nichts als Worte gelernt hat; und man Jenen nur auf solche Dinge aufmerksam machte, die ihm jedesmahl vor der Nase lagen, dahingegen Ihr Sohn, dem väterlichen Boden und der gegenwärtigen Zeit entrükkt, fast immer in

fernen

fernen Ländern, und in längst vergangenen Zeiten mit seinen Gedanken herumschweifen muste. Der Meinige blieb immer in dem Mittelpunkt seiner Existenz; die Seele des Ihrigen hingegen ward in der äußersten Peripherie herumgeschwenkt. — Wer von beyden mag es nun wohl besser gehabt haben? —

Pansophus.

Wenn Ihr Söhnlein dazu bestimmt ist, unter Bauern aufzuwachsen, und unter Bauern künftig zu leben; so habe ich wider Ihre Erziehungsart nichts. Gar nichts, Herr Gutmann! Aber wie, wenn Sie ihn nun produciren sollten, so wie ich den Meinigen vorführen muß, so oft ich honnette Gesellschaft bey mir habe? Und nun die Frage wäre, was der junge Herr denn schon für Progressen gemacht habe? Wie da?

Gutmann.

Da kommen Sie mir eben auf den rechten Flekk, wo ich Sie schon lange erwartet habe! Grade dieses, daß mein Junge gar nicht producirbar seyn möchte, gar nichts an sich hätte, und gar nichts wüßte, womit er in Gesellschaft brilliren, Aufmerksamkeit erwekken, und unverständiges Lob erwerben könnte. — Grade dies ist eine von den Haupturſachen gewesen, warum ich bis izt ihn aus
Bü-

Büchern noch ganz und gar nichts gelehrt habe. Ich will, daß er der unbedeutendste Bube sey, und daß selbst das Auge des ausgeleruntesten Schmeichelers nichts an ihm finde, welches er lobpreisen könne. — Denn das ist ja eben die allgemeine Pest, welche unter den Kindern der gesittesten Stände (— Dank sey es der unaussprechlichen Thorheit ihrer Eltern! —) so weit und breit um sich gegriffen hat, und eine so erbärmliche Verwüstung unter den ursprünglichen Menschenkräften angerichtet hat, daß alles nur aufs Glänzen abzwekt, alles nur deswegen gelehrt und geübt wird, damit es producirt, begafft, belobt und bewundert werden möge. Wenn ich ja zuweilen gezwungen bin, all' dem thörichten Wesen beyzuwohnen, ohne ihm steuern zu dürfen; wenn ich hier ein Aeschen und dort eins auftreten, und alle seine Künste vormachen sehe; und dann ein bravo! ein Allerliebst! nach dem Andern von unweisen Lippen ertönen höre; und nun mit diesen meinen Augen sehen muß, wie die verwahrloseten lobsiechen Seelen dieser jungen Affen von unermeßlichen Präsumtionen, und von Eitelkeitssucht ganz aufschwellen wie die Wassersüchtigen von verdorbenen Säften: — o so möchte ich weinen über das gewisse Verderben dieser Unmündigen, und das Wehe ausrufen über diejenigen, welche durch ihr thörichtes Lobpreisen den Keim des wahren Menschenwerths und der Zufriedenheit ihres ganzen künftigen Lebens so unbarmherzig in ihnen erstikken!

Wah=

Wahre Tugend, welche Einfalt zum Gepräge hat; wahre Verdienste, die allemahl mit Bescheidenheit gestempelt sind; wahre Ruhe und Zufriedenheit, welche nur ein Herz erfüllen können, das von Ehrsucht und Eitelkeit unangefochten geblieben ist, sind für solche nur zum Glänzen abgerichtete Kinder auf immer dahin! Es ist ihnen forthin bey allem, was sie vornehmen, lediglich darum zu thun, der Leute Augen und Ohren auf sich zu ziehen, und gelobt zu werden. Die Mittel, wodurch diese Absicht jedesmahl erreicht werden kann, sind ihnen sehr gleichgültig. Kann es durch gute Handlungen geschehen, wohl! so sind sie für diesen Augenblick — Engel: durch schlimme? — Teufel! — In Gesellschaft mit Empfindsamen, weinen sie über den Tod einer Mükke, — und wollen sich kaum trösten lassen; mit Leuten von härterer Complexion hingegen sehen sie am folgenden Tage einer Parforcejagd mit innigsten Vergnügen zu. — Sind sie unter Frommen, so beseufzen sie den herrschenden Leichtsinn unserer Zeiten; unter Spöttern? — flugs sind sie selbst die entschlossensten Ungläubigen, die der Erdboden trägt. Keines sind sie im Ernste, keines bleiben sie auf immer.

Kurz! sie sind, so lange sie leben, armselige Zwittergeschöpfe, die eigentlich gar keinen Charakter haben. — Alles sind sie nur für den jezigen Augenblik; alles nur, um der Gesellschaft zu gefallen,

len, in der sie sich eben befinden. Und so ein verächtliches Chamäleon sollte ich aus meinem Jungen machen lassen? O lieber wollte ich, daß ihn Gott mit Blind- und Taubheit schluge, damit das Gift der verderblichen Schmeicheley auf keinerley Weise Eingang in seine Seele finden möchte und könnte! — Und wenn ich ja künftig nicht umhin kann, ihn in die Gesellschaft solcher Kinderverderber zu bringen; so soll er ein Schild auf der Brust tragen, worauf mit großen Buchstaben geschrieben stehet: Wer mich lobt, ist mein und meiner Eltern Feind! —

Pansophus.

Also soll man die Kinder wohl immer tadeln, um sie furchtsam, niedergeschlagen und menschenscheu zu machen?

Gutmann.

Daß doch die Gelehrten immer von einem äußersten Ende auf das Andere hinüberspringen! giebts denn gar nichts in der Mitten für sie? — Und muß man nothwendig immer tadeln, wenn man nicht loben will; nothwendig schelten wenn man nicht schmeicheln soll? — Mein Grundsazz, von dem ich wünschte, daß er von allen befolgt würde, ist der: "von Kindern oder über Kin-
„der

„der in ihrer Gegenwart zu andern Leuten we„der Gutes noch Böses zu reden! —" Nur in sehr seltenen Fällen erlaube ich mir von dieser Regel abzugehen. „Kinder müssen nicht als Personen „von Wichtigkeit behandelt werden, welche die „ganze Gesellschaft, oder wol gar die halbe Welt „interessiren; Kinder müssen es vielmehr wissen „und fühlen, daß sie der unbedeutende Anhäng„sel der Alten sind." Dazu bestimmte sie schon die Natur, und als solche auch nur wurden sie von unsern weisen Vorfahren angesehen. — Thun Kinder Gutes, so muß das wie eine Sache betrachtet werden, die sich von selbst verstehet; die man nicht anders erwarten konnte, die also auch gar nichts merkwürdiges oder auffallendes hat. Thun sie Böses, so muß man sie nicht durch Beschämung vor andern bestrafen wollen. Denn beydes, Lob und Tadel in Gegenwart anderer ertheilt, facht Ehrgeiz an; und ich bin der Meinung, und bleibe es noch immer weg, daß der Ehrgeiz eine der gefährlichsten Leidenschaften sey, welche in jungen Gemüthern angefacht werden kann; so wenig man auch bis jezt dieses erkannt hat, noch zugeben will.

Pansophus.

Ein Paradoxon über das andere! Wie ich sehe, so stimmen wir Beyde nicht, nicht einmal in den Ersten, von aller Welt zugestandenen Principiis

cipiis überein. Was ist dabey für mich zu thun? Contra prima principia negantem non est disputandum! — Doch unsere heutige Unterredung könnte mir vielleicht Stoff zu einer gelehrten Dissertatiuncula geben. Werde Sie also fernerhin geduldig anhören. Ist mir lange kein so seltsames Zeug vorgekommen. Hi! Hi! Hi! — aber daß ich das Wichtigste nicht vergesse, giebt es etwa schon Mehrere, die diese Paradxa adoptiren? Hätte Ihre Sekte vielleicht schon einen Namen, oder rechnet sich wol irgend ein Gelehrter dazu, der schon irgend eine Celebrität hat, und nach dem man sie benennen könnte? —

Gutmann.

Kann seyn, kann auch nicht seyn; ich für mein Theil bekümmere mich nie darum, mit welchem Ehrentitel oder Schimpfnahmen eine Wahrheit von den Gelehrten belegt wird; wenns nur wirklich Wahrheit ist, so gilt mirs gleich viel, obs Hans oder Peter sie zuerst erkannt hat! —

Pansophus.

Das macht, daß Sie meine Logik noch nicht gelesen haben, welche, geliebt es Gott! die nächste Jubilatemesse ans Licht treten wird. Darinn habe ich in capite de arte disputandi (dem wichtigsten Kapitel in der ganzen Vernunftlehre. —)

„gleich-

„gleichſam ad oculum demonſtriret, wieviel dar-
„auf ankomme, wenn man eine Theſis refuti-
„ren will, daß man ſie irgend einem berüchtigten
„Namen unterzuſchreiben wiſſe, welcher verderb-
„licher Irrlehren halber ſchon in böſem Gerüchte
„ſteht." Ich muß es ſelbſt geſtehen, dies iſt eine
feine Bemerkung! nicht ſo, Herr Gutmann?
(reibt ſich die Hände und lächelt mit vieler Selbſtge-
fälligkeit. —)

Gutmann.

Eine ſehr feine, die aber in der Ausübung
leider! nicht neu iſt. —

Panſophus.

Nun gut! es wird ſchon irgend ein Name
in — anus finden, wenn ich nur erſt Zeit habe,
darüber zu meditiren. Wir wollen derweile immer fortfahren, damit ich noch mehr aus Ihnen
herauslokke, welches in meiner obgedachten Diſ-
ſertation figuriren könnte. Mir fällt aber ge-
ſchwind noch ein wichtiger Einwurf ein. Haben
Sie bey Ihrem Vorſazze das liebe Kind vor dem
6ten Jahre gar nicht leſen zu lehren, dann auch
wohl bedacht, daß es heutiges Tages durch die
Bemühung gelehrter Kinderfreunde ſo viele vor-
treflihe Werke in Proſa und Verſen giebt, deren
Leſung den Verſtand und das Herz der jüng-
ſten Kinder ganz ungemein ausbilden kann? —

Gut-

Gutmann.

So viele? — was ich doch für ein großer Ignorante in der Litteraturgeschichte unserer Zeiten seyn muß! — Denken Sie nur, dies ist gerade eine mit von den Ursachen gewesen, welche mich bewogen haben, das Lesenlernen noch etwas hinauszuschieben, weil ich mir einbildete, daß wir noch ganz und gar kein Buch hätten, welches von einem Kinde vor dem 6ten Jahre ganz verstanden werden könnte. Und da dachte ich so bey mir selbst, wozu soll denn der Junge etwas lesen lernen, was er doch noch nicht versteht, wenn er es auch noch so fertig lesen könnte?

Pansophus.

Ey! Ey! das würde für einen Litterator eine ganz unverzeyhliche Unwissenheit seyn! Lesen Sie denn die Meßcatalogos und die gelehrten Zeitungen nicht? Da würden Sie solche allerliebste Kinderbücher bey Hunderten angetroffen haben! —

Gutmann.

Ja! wenn Sie sonst keine wissen, als die in den Meßverzeichnissen stehen, und in den gelehrten Zeitungen gepriesen werden; die kenne ich alle, und habe sie, glaube ich, auch so ziemlich alle gelesen, oder wenigstens durchgeblättert.

Pansophus.

Nun! und was sagen sie dann?

Gutmann.

Was ich vorhin gesagt habe; daß unter allen diesen auch nicht ein Einziges ist, das von einem Kinde von 4 bis 6 Jahren ganz verstanden werden könnte. Hier und da fand ich wol ein ganz kleines Stükchen, welches zu den Fähigkeiten junger Kinderseelen herabgestimmt zu seyn schien; aber ein complettes Büchelchen von dieser Beschaffenheit? — das soll noch erst geschrieben werden. Ich glaube, daß von der überschwenglichen Menge neuer Kinderbücher, wenn sie in Rüksicht auf das Erste kindische Alter geläutert werden sollten, kaum mehr als ein Paar dürftige Bogen übrig bleiben würden. Und um derentwillen hätte ich meinen Jungen mit Gefahr, ihn dadurch verhunzt zu sehen, lesen lehren sollen? — Da ich das wenige, welches für ihn lesbar war, doch erst aus 20 und mehrerern Büchern zusammensuchen muste, konnte ich auch nicht die weit geringere Mühe übernehmen, es ihm selbst vorzulesen? oder glauben Sie etwa, daß ein Kind weniger Nuzzen davon habe, wenn ein geübterer Leser ihm mit vernehmlicher und articulirter Stimme, und mit richtiger Declamation etwas

vorlie-

vorliefet, als wenn es eben daſſelbe halb buch-
ſtabirt, herſtottert, und ohne richtige Abſäzze
und ohne Abwechſelung des Tons ſelbſt leſen
muß? —

Panſophus.

Darüber könnte nun noch wohl pro &
contra geſtritten werden. Aber poſito! ſed
non conceſſo; — das Vorleſen gewähre eben
den Nuzzen: ſo würde ich doch auch aus andern Gründen es noch immer für höchſt nothwendig halten, die Kinder, ſobald ſie nur reden können, zum Leſen anzuführen. Denn,
wie wollte man, ohne dieſes Hülfsmittel, ſie in
der Lateiniſchen und Franzöſiſchen, und bald
nachher in der Griechiſchen, Engliſchen, Ita-
liäniſchen, Hebräiſchen, Arabiſchen, Syriſchen
und Chaldäiſchen, wie auch noch andern höchſt-
nöthigen Sprachen unterrichten? Wie wollen
Sie ihnen die Anfangsgründe aller Humanio-
rum beybringen, welche ein Kind doch nicht
zu frühzeitig lernen kann, weil ſie es ſind, die
den Menſchen erſt eigentlich recht zum Menſchen machen, wie dies ſchon der bloße Name beweiſet? —

F 2 Gut-

Gutmann.

Der doch aber auch, wie die mehrsten Namen, ein großer Lügner ist! — So viel Sprache mein Junge nöthig hat, hat er ohne Bücher gelernt; und von Ihren so genannten Humanioren sollte er, wie ich schon gesagt habe, mit Fleiß noch nichts wissen.

Pansophus.

Ohnstreitig, weil Sie vielgedachtes Söhnlein nicht dazu bestimmt haben, ein Litteratus zu werden?

Gutmann.

Bestimmt? Ich habe meinen Buben weder zum Schuster, noch zum Polyhistor bestimmt. Dies mag er selbst thun, wenn er erst in dem Alter ist, daß er mit einiger Kenntniß der Sache richtig urtheilen und wählen kann. Aber wenn ich auch zum voraus wüste, daß er sich dem Studiren ergeben würde; so würde ich doch um deswillen in meinem Erziehungsplane nichts geändert haben. — Auch alsdann hätte er mir bis izt noch eben so unwissend bleiben sollen.

Pan=

Pansophus.

Das macht, Sie wissen nur nicht, wie viel heutiges Tages dazu erfordert werde, ein Gelehrter zu heissen, sonst würden Sie die Nothwendigkeit erkennen, den Anfang des Studirens schon in der Wiege zu machen. In der Wiege, Herr Gutmann! das versichere ich Sie!

Gutmann.

Ich habe mir so etwas davon sagen lassen; aber wie ich denn nun immer so meine besondere Grillen habe, so ist es mir denn auch wohl bisweilen vorgekommen, als wäre es eben kein so beneidenswerthes Glükk, ein Gelehrter zu heißen; und kein so großes Unglükk, — in hundert Dingen durchaus unwissend zu seyn. Kann seyn, daß ich irre! —

Pansophus.

Gröblich! Gröblich, Herr Gutmann! kein grösser Glükk auf Erden als ein tüchtiger Gelehrter zu seyn, der über alles reden, alles erklären kann, und alle Fragen auflösen. Und wenn das auch nicht wäre, wie würde denn ein Candidatus in den Examinibus rigorosis fortkommen, wenn er nicht in alle Sattel gerecht, in omni scibili — bewandert wäre?

Gutmann.

Was das anbetrift, so habe ich das gute Vertrauen zu dem immer mehr aufwachenden Menschenverstande meiner Zeitgenossen, daß binnen zehn Jahren die verständigen Prüfer junger Leute nur nach solchen Kenntnissen und Fertigkeiten fragen werden, die fürs allgemeine Wohl des Staats und für die selbsteigene Bestimmung des Kandidaten gehören; nicht aber nach solchen, welche ganz und gar keine Beziehung drauf haben. Und zulezt hoffe ich auch, — freylich kann noch immer ein halbes Jahrhundert drüber hingehen — daß zur Ehre des gesunden Verstandes all' der unnüzze Sprachenwust und die elende lateinische, griechische und hebräische Wortkrämerey von Deutschlands Schulen und Universitäten gänzlich verbannt seyn werde! — Und alsdann wird es keine Schande mehr seyn, in den mehrsten Dingen, welche ein blindes Zeitalter aus falschem Wahn zur Gelehrsamkeit rechnete, seine gänzliche Unwissenheit frey zu gestehen! — —

Pansophus.

Gott bewahre! das wäre ja offenbar die alte Barbarey zurückgebracht. Nein, Herr Gutmann! nein! das erwarten Sie ja nicht; wenignigstens so lange nicht, als Ich und einige Wenige von meines Gleichen noch im Leben sind, und die Hände mit im Spiel behalten. Ein klein wenig Geduld, das muß ich mir doch geschwinde notiren, daß so etwas auf dem Tapet seyn soll, um es bey der nächsten öffentlichen Gelegenheit graviter zu rügen. (Er läuft zum Schreibtische. —) So! — so! — und nun soll mir mein Christöffelchen noch einmal so scharf studiren, damit nach meinem etwanigen Ableben die Ehre der Gelehrsamkeit noch an Ihm wieder eine neue Stüzze haben möge. Hätte ich doch nimmermehr geglaubt, daß wir in so gefährlichen Zeiten lebten, in welchen man der schändlichen Barbarey wieder Thür und Thor eröfnen will. O tempora! o mores! — — (an die Kammerthür laufend.) Christöffelchen, Christöffelchen! Sage doch dem Herrn Informator: Ich liesse ihn bitten, dir nach dem Abendessen noch täglich zwey Stunden mehr zu geben. Est periculum in mora, maximum, atrocissimum! —

Gutmann.

Wie bedaure ich, daß ich unschuldiger Weise Ursache werden muß, daß das arme Kind an Leib und Seele nun noch mehr ausgemergelt werden wird. Aber um Gottes Willen!

Herr Professor! — wollen Sie denn Ihren unglücklichen Sohn recht muthwillig durch eine so übertriebene Anstrengung in ein unausbleibliches Elend stürzen? Wollen Sie denn durchaus jede aus ihrem Knospen so eben hervorbrechende junge Naturkraft unbarmherzigerweise in ihm tödten? Sagt Ihnen denn Ihr Vaterherz gar nichts, wenn Sie Ihr einziges Kind so blaß, so abgezehrt, wie eine halbe Leiche, herumschleichen sehen, ohne Munterkeit und Jugendkraft? — Nichts! wenn Sie bedenken, daß er wie ein zartes Bäumchen in einem Treibhause nach den ersten, ihm abgezwungenen kümmerlichen Früchten — in dem Frühlinge seines Lebens dahin welken, abfallen und jämmerlich verdorren werde, ohne irgend eine natürliche kraft= und saftvolle Sommerfrucht getragen zu haben? — Nichts, wenn Sie sich nun einige Jahre hinausdenken; im Geiste schon vor sein künftiges unausbleibliches Siechbette, oder bey sein frühzeitiges Grab hintreten, und sich nun selber sagen müssen: daß Sie, Sie, Sie! der Mörder eines Geschöpfs waren, welches die göttliche Vorsehung durch Sie ins Leben sezte, damit es durch Sie beglükt werden möchte? — O ein kalter Schauder läuft mir durch Mark und Bein, so oft ich mich in Ihre Stelle sezze. —

Panso=

Pansophus, (der lächelnd den Kopf wiegt:)

Hat keine Noth, keine Noth, Herr Gutmann! Man stirbt nicht gleich, wenn man ein wenig blaß aussieht. — Multum tulit, fecitque puer, sudavit & alsit, sagt Horatius. Lebe ich doch auch noch, und habe viel studiert, viel studiert von Jugend auf!

Gutmann.

Man hörts, ohne daß Sie es sagen! —

Pansophus, (mit vieler Selbstgefälligkeit.)

Ich meine auch, ja wohl! und denn so müssen Sie auch das bedenken, daß ich ihn drey fremde Sprachen, und noch dazu zwölf Künste und Wissenschaften zu gleicher Zeit lehren lasse, damit ihm das Lernen nicht durch stete Einförmigkeit zum Ekel werde. — Variatio delectat! —

Bedenken sie nur, drey Sprachen, und wohl zwölf schöne Künste und Disciplinen! O wer dabey nicht munter bleiben wollte?

Gutmann, (für sich.)

Und wer dabey nicht allen Menschenverstand verlieren wollte, der muß wohl keinen zu verlieren haben! —

Pansophus.

Und dann, was das wichtigste ist — so hat ein christlicher Vater ja wohl „hohe Ur„sach sich recht herzlich zu freuen, wenn seine „Kinder nicht zu vigourös werden; wenn ihr „Fleisch fein gekreuziget wird, damit es nicht „gelüste wider den Geist!" — Denn was ist doch äußere Schönheit gegen innere Gelehrsamkeit, was ist wohl Gesundheit des Leibes gegen Stärke der Seele? welche einzig und allein durch frühzeitiges und vieles Lernen erworben wird! —

Gutmann.

Das ist es eben, worinn Sie so augenscheinlich irren, Herr Professor! das frühe und viele Lernen kann die Seele eines Kindes wohl aufblühen, aber macht sie warlich nicht gesund und stark; befördert warlich nicht ihren natürlichen Wachsthum. Einen Schmeerbauch haben, oder aufgeschwollen seyn, wird, so viel ich weiß, eben für kein Zeichen einer vollkommenen

Ge=

Gesundheit gehalten; Und der Geschwulst einer aufgedunsenen jungen Seele sollte von ihrer Gesundheit zeugen? Leib und Seele stehen ja überdem in so genauer Verbindung.

Pansophus.

A propos von Leib und Seele! Welchem System sind denn der Herr Gutmann eigentlich zugethan? Dem Aristotelischen oder dem Cartesianischen, oder dem? —

Gutmann.

Ich wollte daß alle der Plunder am Galgen wäre, wenn allen Menschen der Kopf dadurch so verdrehet wird, wie ich an gewissen Leuten sehen muß.

Pansophus.

Ars non habet osorem, nisi ignorantem! — Sie wollten also sagen?

Gutmann.

Ich wollte sagen, daß man eher den Mond mit den Zähnen herunterziehen, als gewissen Leuten Menschenverstand in die Köpfe bringen könnte? —

Panso=

Pansophus.

Da haben Sie völlig recht. *Aurea sententia! notetur, notetur haec phrasis!* — (läuft wieder zum Schreibetisch hin —) *Non semper occurrit* — (schreibt:) Daß man — eher den Mond — mit den Zähnen herunterziehen — — als gewissen Leuten — den Menschenverstand — — aus dem Kopfe bringen könnte. —

Schön gesagt! Herr Gutmann, und so wahr! Das habe ich mit den verwünschten Leibnizzianern erfahren. Schon zehnmahl habe ich wider sie disputirt, sie refutirt — sie ad absurdum gebracht — und doch sollte das abscheuliche Systema Harmoniae praestabilitae, wie mich glaubwürdige Leute versicherten, noch immer seine Anhänger haben! — Ja! ja — eher den Mond mit den Zähnen — aber wo blieben wir doch? Ja so? Sie wollten eben ein neues Paradoxon über die Vereinigung des Leibes und der Seelen vorbringen. Wie lautet es doch?

Gut-

Gutmann, (unwillig.)

Meine Zeit ist verflossen.

Pansophus, (der ihn bey dem Schooß faßt.)

Nicht doch, Herr Gutmann! Sie kommen mir so nicht davon; Ich muß erst alles von Ihnen heraus haben, was in Ihrem sonderbaren Kopfe steckt. Es wird mir reichen Stoff zu zwey, zu drey Disputationen geben. Ihren Namen werde ich verschweigen, darauf können Sie sich sicher verlassen. Nun also, lieber Herr Gutmann! heraus damit! — nur immer heraus.

Gutmann.

Es sey, aber erst versprechen Sie mir auf Professor Parole, daß Sie mich nicht mehr unterbrechen wollen?

Pansophus.

Auf mein Wort, Herr Gutmann, auf mein Wort.

Gut=

Gutmann.

Und daß Sie auch nicht böse werden wollen, wenn ich so frisch von der Leber weg rede, ohne zu bedenken, daß Sie ein Hochgelahrter Herr Professor sind, und ich nur ein unwissender Laye bin?

Pansophus.

O ganz und gar nicht! Je närrischer! je besser! das figurirt ohnedies desto mehr in einer gelehrten Streitschrift.

Gutmann.

Nun so hören Sie denn das Närrischeste, was jemals vorgekommen seyn mag: der Herr Professor Pansophus ist ein Mörder seines eigenen Kindes, und zwar einer der grausamsten, weil er nicht blos den Leib, sondern auch die besten Seelenkräfte desselben mordet. Sein unglükklicher Sohn wird durch unnatürliche Anstrengung erschöpft, entweder frühzeitig ins Grab beissen müssen, (welches noch das Beste für dem Kinde wäre!) oder ein mißvergnügtes, siech-
ches,

ches, ihm ſelbſt und andern zur Laſt fallendes Leben führen. Sein Körper wird in kurzem gänzlich ausgemergelt; ſein Herz gegen jedes reine unſchuldige Vergnügen unempfindlich; jede ſeiner Seelenkräfte durchaus geſchwächt ſeyn.. Denn, ſo wie ſein Gedächtniß mit unfruchtbarer Wortkrämerey vollgepfropft wird, ſo wird auch im gleichen Maaße ſein Herz immer leerer an guten Empfindungen; ſein Gefühl gegen ſchöne Natur, Freundſchaft und Menſchenliebe, überhaupt gegen alles, was edel und ſchön iſt, immer ſtumpfer; ſein Geſchmakk an häußlicher Familienglükkſeligkeit immer ſchwächer; ſein natürlicher Menſchenverſtand immer eingeſchränkter; ſeine Eitelkeit hingegen und ſeine Ruhmſucht, und mit ihnen ſein inneres Elend auch immer unermeßlicher werden. Der einzige Vortheil, der ihm von ſeiner frühen Vielwiſſerey übrig bleiben wird, wird am Ende noch blos darin beſtehen, daß er über ſein trauriges Verhängniß ſich in 6 oder 7 Mundarten beklagen, und ſeinen unweiſen Vater in eben ſo vielen Sprachen fluchen kann. —.

Nicht

Nicht wahr, Herr Professor! das war einmal recht närrisches Zeug? — ich bin Ihr Diener. (geht ab.)

    Pansophus (ruft ihm nach:)

I Furcifer, i ad græcum Π. — Der Unverschämte! Nun soll ihm und seinem leidigen Menschenverstande zum Trozze! mein Christoffel auch noch morgen am Tage das Hebräische anfangen. Will doch sehen wer mirs wehren soll!

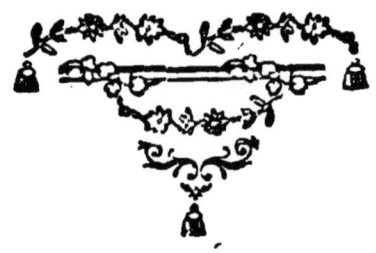